JN234200

増補版

実践スポーツ教育論
―― グラウンドで学ぶ人生の知恵 ――

丸山　克俊

学 文 社

序　文
——人間観察という方法——

　スポーツ教育論は，机上の空論であってはならない．あらゆるスポーツ場面における人間の間柄的構造関係が，より実践的に考究されるところに成立するものである．それ故に，本書のタイトルはあえて"実践スポーツ教育論"とした．より厳密には，"試論・実践スポーツ教育論"が正しいと思う．

　また，なぜ，スポーツ教育"論"なのかという問いかけには，スポーツ教育"学"がまだ構築されていないからであると答えておきたい．基本的な考え方としては，スポーツを教育として実践している人たちはみな，それぞれに"論"をもっているのであり，いわば百人百様の"論"があると言っても過言ではないのである．

　ところで，教育は，その方法をちょっと間違えたからといって，すぐに人間の命にかかわるほどのものではない．しかし，一日一日の教育的営みは，すぐには目に見える現象として現れないけれども，人間の生き方や人生をも変革してしまう極めて大切な問題である．このことについては，誰も異論はないと思われる．

　したがって，スポーツの教育にかかわる人々が，勝手に自分の独断的教育論を振りかざして実践活動に取り組むことは，ある意味では危険なことであると言わなければならない．体系づけられた"学"がない故に，失敗して，反省し，そしてやり直す，その拠りどころが少ないからである．

　それ故に，私はスポーツの教育"論"をたくさん集め，スポーツ教育の現実の問題について，いわば臨床的に研究することが必

要であると考えている．そして，そこからスポーツの教育理論を導き出し，再び実践にフィードバックする，という作業を繰り返しながら"学"に近づいていければと思っている．医学の加速度的な進歩は，演繹的方法ではなく帰納的方法によって成立したのである．しかも，調査や実験，追試を繰り返すことが可能な自然科学の研究方法をベースにして発展したのである．

ところで，教育現象の本質を今少し理解しておくために，発育との差異からとらえて考察するならば，「発育は自己生命力の発現であり，人間の自己活動である．その意味において，自律的であり，より個人的であるといえるであろう．これに対して教育は，自己生命力の発現そのものではなく，他者がこれを指導し，これを培う人間活動である．すなわち，他律的であり，より社会的である．発育は，己れ以外の人間の存在の有無とは，本質的に無関係であるが，教育は，他者の存在が，本質的に不可欠である．自己と他者との含み込まれた関係の上に教育は成立する．人と人との間柄的構造関係に教育現象の本質がある」（土屋忠雄『教育原理』啓明出版，1976年新訂）のである．そして，"人間の間柄的構造関係"に教育の本質がある限り，スポーツの教育"論"を臨床的に考究するためには，自分自身と他者についての人間理解，人間把握が不可欠となるであろう．しかし，人間関係の諸現象は，同じ環境を用意して，繰り返し実験することには限界があることも理解しておかねばならない．

本書で私が試みていることは，スポーツの教育現象にかかわっている私自身の人間観察——それは自分自身への省察と被教育者へのまなざしを意味しているが——を通して，スポーツの教育場面における人間の間柄的構造関係を分析的に把握しようとするも

のである。それは，論理的，客観的であるというよりも，極めて感覚的，主観的なものであることは否めない。

その意味では，まさに独断的なスポーツ教育論であるかもしれない。しかし，私はこのような書物（スポーツ人生論を含め）が次から次と刊行されることによって，百人百様であるスポーツ教育"論"の中核にあるものがさらに共通理解され，スポーツ教育の実践に貢献できると信じているものである。

第1章は，体育授業や部活動を初め，私自身がかかわってきたスポーツの教育的場面での心に残る体験を省察し，それぞれのテーマに従って私論（試論）としてまとめたものである。

第2章は，現在の専攻実技であるソフトボールの監督体験を中心にして，スポーツ集団や組織の在り方，ルール論，リーダーシップ論等々について，まとめたものである。

もとより浅学非才は自覚しているつもりである。しかし，社会をよりよく変革する文化装置としてのスポーツ，そしてスポーツ教育に人生論的な魅力を感じているが故に，微力を顧みずに本書を世に問いたいと決意した次第である。ご批判，そして，建設的なご意見をお寄せいただければと，切にお願い申し上げておきたい。

最後になりましたが，本書の刊行は，学文社の田中千津子社長のあたたかいご芳情によるものです。ここに記して厚く御礼申し上げます。ありがとうございました。

1999年5月23日

丸山　克俊

増補改訂版に寄せて

　1999年9月に刊行した本書を，新たに第3章：ベース・ボール教育論を書き加えて，増補改訂版として刊行させていただくことになった．たいへん有り難く，嬉しいことである．

　本書は，私が担当する大学一般教養科目としての講義「健康・スポーツ科学」また「体育実技」のテキストとしても学生諸君に紹介している．

　昨年，本書を巡って思いがけないことが起こった．それは，私の講義の受講生であったA君を経由して本書に目を通してくれたアメリカ在住の彼の友人が，『この本の著者に会いたい』と言って，帰国した際に私の研究室を訪ねてきてくれたことである．一冊の本が一人歩きをし，新しい人間関係を授けてくれたのである．著者として望外の喜びであるとともに，大きな責任を痛感した瞬間であった．

　また，大学院時代から30年余にわたってご指導をいただいている濱田靖一先生には，増補改訂版に際し"推薦のことば"をいただいた．米寿を迎えられてなお健筆をふるわれている恩師のご芳情に，身が引き締まる思いである．深く感謝を申し上げたい．

　最後に，本書の増補改訂版が公刊できるのは，ひとえに学文社の田中千津子社長のご英断によるものである．重ねて厚く御礼を申し上げたい．

　2003年5月23日

　　　　　　　　　　（愚息・俊太郎の誕生日に）　丸山　克俊

目　　次

序　文 ──人間観察という方法── ……………………………… i

増補改訂版によせて ……………………………………………… iv

第1章　実践スポーツ教育論 …………………………………… 1

　1－1　教育としてのスポーツを考える……1／1－2　人生に必要な知恵はすべてグラウンドで学んだ……7／1－3　基本中の基本，全力疾走実る……13／1－4　教育の逆説性──体育授業とクラブ活動──……19／1－5　態度論と評価論……25／1－6　私のオリンピックマインド……31／1－7　私のオリンピック……37／1－8　私の"国際交流"事始め……44／1－9　子どもと遊ぶ……50／1－10　「はい」という返事……56／1－11　自分が楽しく，仲間が楽しく，そして，みんなが楽しく……63／1－12　「体験知」の重要性……70

第2章　実践ソフトボール教育論 ……………………………… 77

　2－1　なぜ，ソフトボール教育論か……77／2－2　競技場……86／2－3　ユニフォーム……89／2－4　選手登録……91／2－5　大会参加……93／2－6　スターティング・メンバー……96／2－7　エイト・イニング……99／2－8　ストライク……101／2－9　アピールプレー……104／2－10　ファウルボール……109／2－11　離塁アウト……113／2－12　キャ

ッチボール……117／2−13　デッドボール……122／2−14　(心)構え……125／2−15　レギュラーの心構え……128／2−16　ノック……132／2−17　練習開始時間……135／2−18　ウインドミル投法……139／2−19　ウインドミル・キャッチボール……144／2−20　フリーバッティング……147／2−21　サイン……151／2−22　円　陣……155／2−23　かけ声……158／2−24　合　宿……161／2−25　遠　征……164／2−26　監督雑感……167

第3章　実践ベース・ボール教育論
　　　　──イチロー・スピリット── …………………173
3−1　「イチロー選手」誕生──監督と選手──……173／3−2　「練習」の約束……180／3−3　継続は力なり……184／3−4　ウォーミングアップ……190／3−5　グラウンドや用具の手入れ……195／3−6　審判員……200／3−7　ボタン……206／3−8　リーダーシップ……212／3−9　レギュラーという城を守る……218／3−10　友とするにわろき者……223

推薦のことば……231

第1章　実践スポーツ教育論

1—1　教育としてのスポーツを考える

● 魚歌水心

　　波騒(なみざい)は世の常である．
　　波にまかせて，泳ぎ上手に，
　　雑魚は歌い雑魚は躍る．
　　けれど，誰か知ろう，
　　百尺下の水の心を．水の深さを．

　吉川英治『宮本武蔵』の終章は，巌流島決闘の描写の後，「生ける間は，人間から憎悪や愛執は除けない．時は経ても，感情の波長はつぎつぎにうねってゆく」と記し，上記の文章で結んでいる．青春時代から今日まで，教育にかかわる仕事に就いた私にとって，この文章は座右の銘であった．

　人間社会の真相，人の心の奥底は，その当事者，本人しかわからないものであると思う．故に，とりわけ教育の世界では，人間が人間を理解することの困難に，いかに立ち向かうかというところから出発しなければならないと思う．教育現象は，人と人との間柄構造関係にその本質があるからである．

　ところで，この"魚歌水心(ぎょかすいしん)"を自叙伝の序章で引用した書物に出合ったことがある．王貞治著『回想』(勁文社，1981年) である．王氏は，自らの野球人生の現役引退の理由をこの文章に託したと

言ってよい．

　当時，勤務校で学生と共にソフトボール部を結成し，なりゆきで「監督」になっていた私は，手当たりしだいに野球人のエッセーを読んだ．100有余年の歴史をもつ大学に一つの運動部が誕生したことの意味をかみしめ，私なりに大きな責任を感じていたからである．技術論，戦術論ではなく，何より野球を愛する人々の"心"を知りたかった．

　さて，王氏は，この『回想』のあとがきで，次のように記している．

　「私は，センセーショナルな本は書きたくなかった．そういう類の本にはしたくなかった．だから私は，率直に自分の過去を語り，これからの抱負を書いた．（中略）

　今までやってきた二十二年間，私は投手と対峙し，ひたすら遠くへボールを飛ばすことのみ考えてきた．だから，指導論とか管理論などは，今の私には述べることはできない．」

　これは，現役引退の後，助監督としてスタートする開幕の前日に記された文章である．すなわち，本書は，一選手から指導者へのターニングポイントにおいて公刊されたものである．王氏は，選手と指導者が異質なものであることを明言しているのである．

　王貞治選手の野球選手としての偉大な歩み，そして，その後の王貞治監督論を，誰がどのように評したにせよ，当事者に代わって，その心の奥底を説明することは何人(なんびと)もできないのである．ただ，ひたすらボールを遠くへ飛ばすことのみを考えてきた一選手の歩みが，間接的・無意図的な教育現象を引き起こしてきたことは事実である．そこには，スポーツマンである彼の，人生の壮大なドラマが展開されているからである．

当時の私は，本書が限りなく好きであった．一人の偉大なスポーツマンが，1枚1枚の原稿用紙に一生懸命ペンを走らせている迫力が伝わってきたからである．

● スポーツの文学性

中学時代の恩師M先生は，体育大学進学に際して，次の言葉を贈ってくれた．「丸山，体育教師は詩(うた)がよめなきゃだめだゾ」．未だ忘れられない言葉である．高校時代は卓球に夢中．インターハイ県予選敗退．それが国語教師志望から体育教師への進路変更の理由である．その経緯は，私の人生にとってはドラマチックである．否，私は，職業としてのスポーツの世界に足を踏み込んだ多くの人々が，それぞれにドラマを引きずって生きていると思っている．そこには，疑いなく文学的な世界が投影されている．

中野好夫氏は『文学の常識』(角川書店，1961年)の中で，文学を定義することの困難について言及し，「文学というものは，これはむろん人間のパトスの面，すなわち，主として感情とか情緒とかというものに訴えてゆくものですから，普遍的な悟性，ひいては法則というものに当てはめることができなくなるのです」と述べる．

また，桑原武夫氏は『文学入門』(岩波新書，1963年改訂版)の中で，なぜ文学は人生に必要なのかを問い，「文学が人生に必要だということは，決して自明のことではない．この必要性について確信がもてぬかぎり，文学をまじめに勉強することはできない．そこでまず，人々はなぜ文学を好んで読むか，を考えてみると，それは文学が面白いからだ，ということがわかる．ところで，文学の面白さは，慰みもののそれとは異なり，人生的な面白さであ

る．また作者が読者に迎合して面白がらせる受動的なものではなく（それは低俗な文学である），作者の誠実ないとなみによって生まれた作品中の人物を，読者がひとごとならず思うこと，つまりこれにインタレストをもって能動的に協力することである．
(中略)

人生はあくまで合理的に生きられねばならないが，人生を充実したよりよきものとするためには，理性と知識のみでは足りず，さらに人生に感動しうる心が不可欠である．ところで文学こそ，そうしたものを養成するのに最も力のあるものである．文学以上に人生に必要なものはないといえる」と述べる．

私は，この両氏のいう文学をスポーツに置換して，教育現象としてのスポーツの世界を考え，分析的に把握し，記述したいと思う．なぜなら，いささか大風呂敷であるが，スポーツがなぜ人生に必要であるのかを自問し，スポーツをまじめに勉強することの意味を自答するとき，スポーツのもつパトス的側面こそが，教育的価値を内包していると考えるからである．スポーツが人間のためにあるという大前提を無視しない限り，スポーツのおもしろさは，"人生論的なおもしろさ"である．故に，"見るスポーツ"も"読むスポーツ"も光を放つ．

さて，スポーツの世界には，経験論的な世界が果てしなく広がっている．それは，科学することがほとんど困難な世界であるのかも知れない．否，予想以上に科学が限定されているのではないのか．それ故に，職業としてのスポーツの世界に足を踏み込んだ我々は，まず身近なところから，自らの実践的契機を見つめ直し，そのパトス的世界を言辞をもって説明したらどうであろうか．そこには，文学的モチーフが内在している．

● **スポーツ——人間らしさと人間くささの世界——**

　文学は,「一つには,なんらかの意味で,よりよき社会を導き出すような進歩的意志の表現」(中野好夫,前掲書)である.スポーツもそうありたい.否,教育としてのスポーツは,そうあらねばならないと思う.

　ところで,文学が言語表象を通して実現されるのに対して,スポーツは"無言の言語"をも有している.それは,オリンピックや世界大会を見れば一目瞭然である.今日,世界の,ある一つの都市に,言語,風俗,習慣等々を異にする百数十カ国の若者が一堂に集まって開催される祭典が他にあるだろうか.宗教的世界には,それに近いものはあるかも知れない.ただし,それは一つの教義に基づいている.スポーツがスポーツであるためには,いわば"無思想の思想"を前提にしなければならないとも言えよう.

　スポーツの"ルール".それはある意味で無言の言語であり,人々を日常性から解放させる.そして,この場面,場面における人と人との間柄的構造関係こそが「よりよき社会を導き出す進歩的意志の表現」をもたねばならないのである.そして,そこでは,"成文化されたルール"を支える"成文化されないルール"を,自らの道徳的良心の内に築き上げる強い意志が必要とされる.

　私は,スポーツの世界を決してきれい事として考えているわけではない.ただ,現実の社会構造の中に組み込まれているスポーツの手段化の進行に右顧左眄して,自らの"職業としてのスポーツ"への動機論的意義を見失うことを自戒したいと思うのである.私は,スポーツを徹頭徹尾,教育現象としての視点から見つめ続けたいと思う.それは,教育がその成立の根底を人間相互の接触

関係によっていると考えるからである．

ところで，この「教育」の概念規定について，私には鮮烈として忘れられない思い出がある．故・土屋忠雄先生の「教育学特殊講義」がそれである．その日は，教育の目的・内容・方法についての講義であった．そこでは，教育基本法第1条「教育は人格の完成を目指し……」という教育の目的に焦点は絞られた．ところが，その講義内容は，私の予想をはるかに超えたものであった．以下，大学院講義ノート（1973年5月22日）を参照する．

「人間の生きている炎が燃えている限り，人格は円満になりえない．」

「人格の完成という実現不可の目的をなおざりにして，内容を云々することは無意味ではないのか．」

「人格の完成とは抽象論にすぎない．教育とは具体的な個人に関するものでなければならない．」

文字は，その講義の雰囲気，迫力を伝えることはできない．土屋忠雄『教育原理』（啓明出版）は，したがって，「教育とはまず何よりもあらゆる面にわたって人間性を豊かにすることであり，社会の維持と繁栄を目指して行われる作業」と規定するのである．そして，この定義には，人間の生き方にかかわって，人間らしさと人間くささの両方が是認されていると，私は考えている．そこには"教育"を考えることについて安堵があると思うのである．

スポーツの世界においては，人間らしさと人間くささとは，不即不離の関係にあるとも言えよう．「人間性を豊かにする」という視点から，教育としてのスポーツの実践的契機を見つめ直すことは，今日においてなお，意味のある大切なことであると思う．

1―2　人生に必要な知恵はすべてグラウンドで学んだ

●"ルールづくり"の"ルール破り"

　"替え玉受験"という不正事件が世間を騒がせたことがあった．そこでは，大学運動部の元監督が深くかかわっていたことが明らかになり，体育会の悪い体質がクローズアップされた．

　その種目が，国技である相撲，国民的スポーツである野球であることが興味深い．人間，順境のときは鼻が高くなることもあると思う．そして，逆境に置かれたときには，正邪の判断を誤ることもあるだろうと思う．それも人間くささである．しかし，スポーツを愛する心は，悪の道へと通じるものであってはならない．

　この事件の報道に接しながら，私が残念無念に思うことは，かつて自分が愛し続けた若者たちをも巻き添えにした寂しさである．私の甘い感傷であろうか．そして，ごく少数の人の不正行為によって，"教育としてのスポーツ"に誠実に取り組もうと努力する多くの人々が，色メガネで見られてしまうことが悲しい．世論はいつの時代も怖いと思う．

　さて，スポーツの世界は，さまざまなルールによって成り立っている．競技のルール，協会・連盟のルール，そして，そのスポーツ集団を存立させる母体（学校・企業等）のルール，さらに，その集団が長い歳月をかけて築き上げてきた体制を支えるルール等々．これらのルールには，疑いなく教育的な意図が含まれている．否，校風，社風，チームカラーという言葉が示すように，無意図的な教育現象をも引き起こしている．

　そして，部長・監督という立場にある人たちは，通常，このさ

まざまなルールを作る側に深くかかわっている．私自身，某大学連盟規約や学会会則の草案づくりにかかわったことがある．監督や選手の資格のこと，登録年限や登録費用のこと，役員の任期や選出方法のこと等々，いずれも慎重審議を要する問題である．多数の人間，否，一人の人間の感情を左右するのが"ルール"だからである．

では，ルールを作る側にいる人間が，ルール破りを始めたらどうなるであろうか．この問題は，法律で定める刑罰以上に大きい問題であると言わなければならない．人間への信頼を見失うからである．とりわけ，20歳前後の若者が対象である学生スポーツは，その活動を通して，金銭では買うことができない"人心"を啓発しようとしているのだと私は考えたい．故に，指導者は，スポーツを通して，いわば人生哲学をも鼓舞する役割を担っていると思うのである．

自ら作ったルールは，率先して遵守する．これは当たり前のことである．

● **自らのドラマを汚す悲しさ**

ところで，前節において私は，「職業としてのスポーツに足を踏み込んだ多くの人々が，それぞれにドラマを引きずって生きている」と記した．そのドラマとは，さまざまな喜怒哀楽に包まれているものであり，自らの実人生においては，肯定的な経験として心に深く残っているものであると思う．したがって，指導者が自らの具体的な体験談をドラマチックに語りかけることはよくあることである．それは，そのスポーツ（またはその指導）にかかわって一生懸命生きてきた証(あかし)を素直に語ることが，人の心を動か

し，共感的理解を得るからである．

ところで，その"語り"は，論理的，客観的な事柄であるよりは感覚的，主観的であり，いわば人生の非合理的要素によって修辞されていることが多い．

「人生はあくまでも合理的に生きられねばならないが，人生を充実した，よりよきものとするためには，理性と知識のみでは足りず，さらに人生に感動し得る心が不可欠である．」(桑原武夫『文学入門』，前節参照)

あらゆる教育現象の中で，スポーツは「人生に感動し得る心」を喚起する役割を大いに担っていると言えよう．決してスポーツ至上主義を標榜するわけではない．ただ，生身(なまみ)の人間が味方(仲間)と敵(相手)に分かれて，同じ時間と空間を共有しながら心身共に強烈に触れ合う．このような人間相互の心身の接触関係を根底とした場を，スポーツの世界以外に見出すことが困難な時代であることだけは確かである．

いずれにしても，私たちは，教育としてのスポーツを契機として自らが一生懸命生きた証(あかし)を，正々堂々と語り続ける努力を怠ってはならないのだと思う．そのスポーツで得た人間関係を利用し，自らの人生の肯定的なドラマを自らの土足で汚したことが，限りなく悲しい．

● **人生に必要な知恵はすべてグラウンドで学んだ**

ロバート・フルガム (Robert Fulghum) 著『人生に必要な知恵はすべて幼稚園の砂場で学んだ (*All I Really Need to Know I Learned in Kindergarten*, 1988年)』(池央耿訳，河出書房新社，1990年) は，"フルガム現象"として，全米の学校，企業，政界，マ

スコミ界で一大ブームを巻き起こした．

　本書は，彼が長年の間に少しずつ書きためた生活信条(Credo)をまとめたエッセー集である．いわば『徒然草』(吉田兼好)にも似た味わい深い人生の思索の書である．訳者である池央耿氏は，あとがきの中で，両書は一脈も二脈も通じるものがあると述べている．

　さて，ロバート・フルガム氏は，その書名ともした「人生に必要な知恵はすべて幼稚園の砂場で学んだ」という短いエッセーの中で，次のように語りかける．

　「人間，どう生きるか，どのようにふるまい，どんな気持ちで日々を送ればいいか，本当に知っていなくてはならないことを，私は全部残らず幼稚園で教わった．人生の知恵は大学院という山のてっぺんにあるのではなく，日曜学校の砂場に埋まっていたのである．わたしはそこで何を学んだろうか．

　　何でもみんなで分け合うこと．

　　ずるをしないこと．

　　人をぶたないこと．

　　使ったものは必ずもとのところに戻すこと．

　　ちらかしたら自分で後片づけをすること．

　　人のものに手を出さないこと．

　　誰かを傷つけたら，ごめんなさい，と言うこと．

　　食事の前には手を洗うこと．

　　トイレに行ったらちゃんと水を流すこと．

　　釣り合いの取れた生活をすること―毎日，少し勉強し，少し考え，少し絵を描き，歌い，踊り，遊び，そして，少し働くこと．

毎日かならず昼寝をすること．

　おもてに出るときは車に気をつけ，手をつないで，はなれ
ばなれにならないようにすること．

　不思議だな，と思う気持ちを大切にすること．（後略）」

そして，「人間として知っていなくてはならないことはすべて，このなかに何らかの形で触れてある」と結んでいる．

　そして，本書を手にしながら，そのサブタイトルにある「ありきたりのことに関するありきたりでない考察（Uncommon Thoughts on Common Things）」が，今，とても重要であることに思いを巡らせた．その頃，ちょうどアメリカに行くことがあり，ロサンゼルス郊外の書店でペーパーバックを数冊購入してきた．「体育理論」の講義でも朗読した．スポーツのもつ教育的意味を考えるのに，極めて有効だったからである．私は，「人生に必要な知恵はすべてグラウンドで学ぶことが可能である」と，受講生一人ひとりに語りたかった．

　実際，運動着に着替え，喜怒哀楽を自由に表現することが許されるスポーツの世界では，仲間や相手の一挙手一投足に呼応するかのように，自己と他者の情動を観ることが可能である．いわば，人間のもつ生の非合理的要素を体感できるのである．そこに，コミュニケーション能力を高める契機があり，人生の知恵が生まれてくるのである．一つのルールの下で同じようにプレーしていても，そこでプレーしている人間の心性はみな違うとも言えよう．その人間理解が，今，求められている．

　フルガム氏は，自分の価値観の尺度に確信をもてない現代人に対して，「物差しの目盛りは人それぞれであって，違いがあって不思議はない」と述べた後，「大切なのは目盛りを同じにするこ

とではなく，違う目盛りがあることをお互いが知った上で行動の歩調を合わせることだ」とも語るのである．

● 当たり前のことを当たり前に

ところで，仲間や相手と仲良くすること，ルール破りをしないこと，興奮のあまり乱暴な行為をしないこと，相手を傷つけたら素直にあやまること，健康管理や安全管理を自主的にすること等々．これらは，スポーツの世界を楽しく成立させるために，至極当たり前のことである．そして，これらの事柄が，人が生きていく上で最も大切な基本であることは誰もが知っている．お互いに思いやりの心を持ち，力を合わせることの素晴らしさは，誰もが知っているのである．しかし，頭の中で理解していることを実際場面で素直に表現し，実践することがいかに難しいことであるか．このこともまた，皆知っているのである．

フルガム氏の提言は，日常生活の中のほんの小さな出来事を，ときには冷静に振り返り，ほんの少し視点を変えて見つめ直すことが，国や世界をも変革するエネルギーになることを強調しているかのようである．今日的状況の中で，せめてスポーツの世界ぐらいはそんな余裕を持ちたいものである．そして，「人生に必要な知恵はすべてグラウンド（体育館）で学んだ」とさりげなく語り合えるような，教育現象としてのスポーツの世界を構築したいものである．そのための自浄能力が，今，スポーツ界に強く求められている．

1—3　基本中の基本，全力疾走実る

● 基本中の基本，全力疾走実る

　野球は，わが国の国民的スポーツである．少年野球，高校野球，そして，草野球やソフトボールまで，たくさんの愛好者を得ている．また，"見るスポーツ""読むスポーツ"としても人気絶頂である．これは，プロ野球の発展がその原動力となっていることは，衆目の一致するところである．そして，たくさんの素人評論家が，野球が生み出すドラマを通して人生論的な批評をし合っていることも周知のことである．これもその一つである．

　さて，私の手元には，1990年10月25日付の朝日・毎日・読売の各新聞の朝刊と日刊スポーツのファイルが残されている．これは，30年ぶりの4試合4連勝で西武ライオンズが読売ジャイアンツを倒し，日本シリーズに決着をつけた翌日の新聞である．

　その日の朝，朝日新聞のスポーツ欄を開いた私の目は，"基本中の基本，全力疾走実る"という大きな見出しに釘づけにされた．そのコラムを担当した山田雄氏は，次のように記している．

　「勝因を聞かれた森監督は『集中力』という言葉を何度も繰り返した．そして，『全員で勝ち取った日本一』を強調した．一人一人が競技能力を磨き合い，それを『チーム力』へと高めていく．（中略）完成度の高いプレーは，しかし，偶然に生まれたわけではない．シリーズ前，『勝ちに行く』と気負った巨人の藤田監督に対し，森監督は，『ふだんのプレーをしてくれさえしたらいい』と，勝利にこだわろうとしなかった．その代わり，選手に課したテーマがある．基本中の基本，ともいえる『必ず全力疾走しよ

う』が，それだ．これを西武勢は見事にやってのけた．

　つきつめると，西武と巨人の違いはこうした点ではなかったか．最終戦でいうなら，巨人の原は左翼の守りで気の抜けた走りを重ねた．初戦から選手によっては，凡打すると一塁への走塁が鈍り，西武勢のひたむきさと好対照を描いた．シリーズの展開が一方的だったから，という事情では片づけられない『野球の質の差』をうかがわせた．」

　あらゆるスポーツ場面において，劣勢のチームが無気力に見えることはよくあることである．戦術が空回りすることもよくあることである．また，その逆に，優勢のチームが相手をなめた態度で振る舞い墓穴を掘ることも，よく見受けられることである．その意味では，やはり西武の驕（おご）ることのないひたむきな姿勢が巨人を圧倒したのだと感じた人は多かったと思う．私もその一人である．

　ところで，私がこのコラムのタイトルに釘づけにされたのは，最初は別の意味による．それは，"わが国のプロ野球界は，まだまだこの程度なのか"という感懐からであった．そこには，たとえ劣勢であろうと，負傷していようと，ひとたびユニフォーム姿でグラウンドへ出たならば，ベストを尽くすことは当たり前という思いがある．少なくともプロスポーツの世界では，一生懸命であるか否かは論外のことであってほしいという期待があるからである．

　しかし，山田氏は，プロ野球のファイナルゲーム＝日本シリーズのチャンピオンフラッグを決した一大要因として，"基本中の基本，全力疾走実る"とあえて書き残したのである．

●"日本一の壁"の意味

 そこで，他紙に目を転じてみる．毎日新聞は，『"一丸"西武，巨人のむ．力，技とも歯がたたぬ』と大見出しをつけ，『注文出さなくても選手自ら行動した』という森監督の談話を小見出しとしている．また，読売新聞は，『巨人"不完全燃焼"で散る，レオ軍団，一丸で奪回』という大見出しをつけ，『流れは一球で決まった』というタイトルのコラムを入れた．各紙の背後にある思惑は別にしても，巨人が全く力を発揮できずに（西武が巨人に力を出させずに），完膚なきまでにたたきのめされた様子が伝わってくるのである．しかし，両紙と日刊スポーツでは，"全力疾走"については一切触れられていない．

 私は，この論外ともいえる"全力疾走"をあえてコラムのタイトルとした，山田氏の意図することに再び思いを巡らせた．そして，敬意の念さえ抱き始めた．山田氏はまた，次のようにも記しているのである．

 「自分たちを取り巻くさまざまな状況を，次々とプラス材料に転化させる．その意味で，西武は極めてエネルギッシュだった．（中略）チームづくりを，森監督はしばしば壁塗りにたとえる．薄く塗っては乾かし，また塗る地道な作業だ．苦難の一年間．日本一の壁が，いま完成した．」

 チームづくりは短兵急にはできない．いろいろなスポーツ集団が，樹木が年輪を刻むのと同じように，山あり谷ありの道を歩みながらも，それぞれに個性的な集団を築いている．そして，その過程で育まれる先輩，同僚，後輩の人間関係は，信頼感にあふれるものであることが多いのである．

ところで，その信頼関係を支える根底にあるものは，基本を怠らず，ベストを尽くして一生懸命努力したか否かであると言っても過言ではないであろう．すなわち，"基本中の基本，全力疾走"とは，普段の練習に取り組む姿勢の中にこそあるものであろう．壁塗り作業のような練習の積み重ねが，いざという場面で"プラス材料に転化"できる力を生むのである．山田氏は，このことを問題提起しているのだと思う．

　いつの時代においても，また，スポーツの世界に限らず，"基本中の基本，全力疾走"は，やはり美しいのである．そして，結果の如何にかかわらず，ベストを尽くしたプレーこそが，人間の信頼関係の実を結ぶのである．森監督は，共同記者会見の席上，「実に完成されたチームになったと思うが」と問われ，「野球に完成はないが，選手みんなが野球を愛し，状況を考え，その通り行動できるよう努力してくれた」と結んでいる．

● **もう一つの"全力疾走"**

　ところで，私には，"基本中の基本，全力疾走"にこだわるもう一つの理由がある．

　私は，勤務校（東京理科大学）において，講義の他に体育実技「ソフトボール」の授業を担当している．通年の授業である．一般教養科目である故に，その内容は試合中心である．したがって，毎年，受講生が織り成すさまざまなゲームを観察し，体験してきた．

　この授業の中で，毎年必ず考えさせられることは，"全力疾走を怠るプレー"についてである．どのクラスでも，試合がスタートしてからの数試合の間には，この"怠るプレー"が発生する．

とりわけ，野球の経験者や運動部の経験者等，"腕に自信のある者"に多いように思われる．例えば，内野ゴロやフライを打ち，打者走者としての全力疾走を怠るプレー，守備者がファウルフライを最初からあきらめて追わないプレー，いずれもよく見受けられる怠慢プレーである．そして，多くの場合，そのプレーヤーは，ふてくされた態度をとったり，照れ笑いを浮かべたりすることが多い．その上に，まれなことではあるが，技術的に未熟な者がアウトになりそうだとわかっていても真剣に一生懸命走る姿を見て，上級者が嘲笑したり，冷ややかなまなざしを向けることもある．看過できない問題と言わなければならない．

そこで，私は，毎年一度は次のように語りかけることにしている．

「野球部やソフトボール部，また運動部経験者には，厳しい鍛練や経験によって身についた判断力があると思う．それ故に，"アウト"や"捕球できないこと"を予測して全力疾走を怠ることが多いのだと思う．けれども，その行為は，自分が一生懸命取り組んできた野球（スポーツ）を愛する心を，自ら汚すことになると思う．なぜなら，長い間そのスポーツを愛好してきたのにもかかわらず，基本的なゲーム構造が何ら理解できていないからである．

野球やソフトボールでは，打者が内野ゴロを打ち，それが一塁へ送球され，正しく捕球（完全捕球）やタッチされ，さらに審判員によって"アウト"が宣告されて初めてアウトが成立する．それまではセーフとなる可能性が残されている．また，ファウルフライも，そのボールがファウル地域で地面に触れるまでは，"ファウルボール"ではなく，アウトを取る可能性が残されている．

いずれも全力で走り，また一生懸命ボールを追うことをもって，自らの現在の技量を知り，また能力を高めることができる．それ以上に，チームメイトや相手チームのメンバーから，無言のうちに信頼を得ることもできるのだと思う．一生懸命プレーしているか否かは，誰の目にも明らかだからである．スポーツの授業空間のもつ一つの意義はそこにある．」

この極めて当たり前な話は，予想以上に受講生に受け入れられている．説得力をもっているからである．そして，授業展開を観察していると，怠慢プレーをチームメイト同士で注意し合う雰囲気が徐々に見受けられるようになってくる．

● もう一つの"基本中の基本"

私たちは，あらゆるスポーツ場面において，いろいろな"基本中の基本"を忘れているのではないだろうか．私は，授業の中で，時折，高校球児であった受講生に対して，次のように問いかける．「ソフトボールの塁間は，18.29mであり，塁ベースは38.1cm平方である．さて，1・2・3塁の各塁ベースはどこに置いたらいいだろうか．」

この質問に対して，正しく即答できる受講生は極めて少ないのである．18.29m地点の手前に置くのか，後方に置くのか．また，2塁ベースは1・3塁から等距離を測った交点のどこに置くのか．長い間，野球を愛好し，毎日のようにベースを踏んできたにもかかわらず，この基本的な知識がないのである．

私は，数年前から，甲子園の高校球児にこの質問を投げかけたらどう答えるであろうかと，かなり真面目に考え続けている．

1—4　教育の逆説性
── 体育授業とクラブ活動 ──

● 講義 ── 実技授業 ── クラブ活動

　私は，現在，保健体育科目の講義2コマと実技6コマを担当している．そして，奉職した年に，学生有志とともに「体育局ソフトボール部」を創設し，現在は顧問・監督を務めている．

　誰にでもあるように，今日まで，いろいろな内面的葛藤と戦ってきたと思っている．講義1コマの重さを教えられ，実技授業の理想的な在り方や課外活動としての学生スポーツの意義を考えさせられてきた．

　ところで，講義とクラブ活動の狭間(はざま)にあって，絶えず考えることを余儀なくされ続けてきたのが「体育実技」の授業のことである．そこには，次のような自問自答が絶えずあった．実技授業のみを担当していた助手時代には，「自分は助手として授業にかかわっているが故に，大学に籍がある．クラブ活動の指導はその付録である．したがって，何よりも実技の授業を充実させなければならない．いや，多くの時間を費やすクラブ活動の指導を通して得たことこそ，授業にフィードバックできるのではないのか」という問いかけであり，「体育の教員にとって，授業とクラブ活動は，不即不離の関係にあるのだろうか」と，かなり真面目に悩み続けた．

　そして，講師になり，講義を担当するようになって，その1コマの講義の準備のたいへんさを知り，学内での自分の職責について改めて深く考えるようになった．そこには，「自分は，1コマ

の講義に費やすエネルギーを，実技の授業の1コマ1コマに費やしているだろうか」という自問自答がいつもあった．

　授業と課外活動，実技と理論（講義），およそ体育教員は，逃れることのできない二つの大きな課題を抱えている．

　ただ，そんな中で，一つの疑いのない事実は，クラブ活動を通してつき合ってきた学生諸君（卒業生）とは，そのほとんどのメンバーと年賀状等のやり取りがいまだに続いている．そして，毎年，少しずつ増えている．一方，体育実技や講義が縁でつき合いが始まった卒業生の数は限られているということである．すなわち，私の人生，生活の中では，クラブ活動を通して縁ができた人間関係が，学内外を問わず大きな比重を占めていることだけは確かである．

● 体育実技 ── 男子一生の仕事か ──

　ところで，助手時代のある1年間，実技の授業の合間に，グラウンドで大の字になって空を見上げながら，「体育実技の授業は男子一生の仕事か」などと真剣に考え続けたことがある．ちょうど人事のことで苦悩があった頃のことである．その一つの理由は，自らの研究領域と実技授業の間に整合性を見出すことが困難であったからである．そして，「体育実技を通して天下国家を論じることができるのか」などという大袈裟なことを，かなり真剣に考え続けていたからである．

　この課題は，自らの人生の中で，絶えず自らに誠実に問いかけていく以外には，その解決の方法がないことだけは自明のことである．余談ではあるが，大学院博士課程の入学試験（筆記）は，「あなたの人生において，教育（体育）学を研究することはどう

いう意味があるか」という問題であった．決して立派な答案が書けたとは思わないが，時折，この設問を自らに投げかけながら，反省したり，叱咤激励したりしている．

● **教育の逆説性**

梶田叡一氏は『自己教育への教育』(明治図書，1985年) の中で，教育の逆説性について，次のように言及する．

「教育者であるということは，教育という営みを通じて，自らの存在意義を否定していくという，まことに不可思議な，そして逆説的な存在の在り方である．教師でも親でも，コーチでもトレーナーでも，また各界の指導者であっても，自らが教育的であろうとする限り，相手が成長するよう一生懸命かかわって，その挙句の果てに相手から見捨てられる，ということを覚悟しておかなくてはならない．結局は，自分がいなくても相手がちゃんとやっていける，というところまで，相手を教え，鍛え，育て上げていかねばならないのである．」

かつて，私は某大学附属小学校の研究集会で梶田氏の講演を拝聴した．そして，その講演内容とともに氏の話ぶりから伝わってくる熱意や誠意に強く引かれ，人物に強烈な印象をもった．その後，数冊の著作に接する中で，氏の教育（学）研究における課題意識が上記の文章にあるのだと，勝手に決めつけて敬意の念を抱いてきた．

ちなみに，梶田氏は，「教育の心理学」あるいは「心理教育学」を目指すと言明して，「こういった耳慣れない『学』によって志向しているところは，端的に言えば，教育学ないし教育研究にもっと心理学的な基盤と展望を，そして心理学には現代人の成長発

達を現実に規定している教育的営みの視点を，ということに他ならない」(『子どもの自己概念と教育』東京大学出版会，1985年) と述べている．

　私は，すでに「教育はその成立の根底を人間相互の接触関係によっている」と書いてきた．この人と人との間柄的構造関係における"教育の逆説性"を，心理学的な基盤と展望のもとに，また，現実の教育の営みを通してどのように分析的に把握するのか，この作業は極めて重要であると，私は考えている．教育現象は，机上の空論では語り尽くせないからである．

● "あの選手はオレが育てた" とは

　とりわけ，この教育の逆説性は，スポーツの世界において，否，教育としてのスポーツを考える場合に，もっと認識されなければならない．

　例えば，スポーツ界では，"あの選手はオレが育てた" という言葉をよく耳にする．勿論，私はこの言葉を一方的には否定しない．それは，親が子どもを育てるのと同様に，自分の全生活をかけて選手とかかわっている監督やコーチがいることを知っているからである．しかし，その"師弟関係"は，両者の間に"信頼感"が持続的にある場合においてのみ光を放つものであることを，常に謙虚に理解しなければならない．

　人間の信頼関係とは，決して一朝一夕にできるものではなく，長い時間をかけて当事者同士が育てていくものである．それを維持し深めることは，決して容易なことではないのである．しかし，あると思っていた信頼関係が壊れることは，不思議なことに極めて簡単なことである．

私が，体育実技やクラブ活動の中で学んできたことは，まさにこのことである．教育としてのスポーツは，人間同士のコミュニケーションの在り方を考えさせ，その能力を高めることに貢献するものである．したがって，ただ単に身体の健康・体力づくりを目指すのでなく，"心"を育てるという視点が絶えず内包されていなければならない．授業でも課外活動でも，教員が本気になってこの課題に取り組むことはとても大切であると，私は考え続けている．

　人心が織り成す"信頼関係"とは，やはり理論的に説明することは難しいのである．人と人とがお互いに一生懸命かかわり合う，そのかかわり合い方は百人百様であり，いつも決まった答えが出る方程式を作ることはほとんど不可能であると言わなければならない．

　そして，教育における信頼関係とは，"師が弟子を捨てる"のではなく，"師が弟子に捨て去られる"という悲劇性をも前提にして成立するものである．否，捨て去られ，忘れ去られることを"よし"とする師であることを是認するところに，師としてのささやかな誇りをもちたいものである．

　浅学非才，人生経験が浅い私が，信頼関係を論じること自体，無謀なことかも知れない．しかし，教育現象が"人情の機微に触れる"ことを中核としている限り，この問題は絶えず勇気をもって吟味し続けなければならないのである．

● **スポーツ教育に人生論的な視座を**

　ところで，クラブ活動と実技の授業における"信頼関係"の様相は，大きく異なっている．それは，前者が課外で行われる自主

的な活動であるのに対し，後者は単位の認定（成績評価）にかかわっているからである．

　換言すれば，クラブ活動はいつでも入部，退部できる余地を残している．それ故に，入・退部にかかわるさまざまな問題（事件）が毎年のように生じるのであり，このことに費やす話し合いの時間はあまりにも多いのである．そして，その過程においてこそ，構成員の信頼の絆はより強くなるとも考えられる．

　一方，単位認定という師のもつ"伝家の宝刀"は，ある意味では，主従関係を暗黙のうちに了解させているものである．したがって，師の言葉に素直に従うということが，知らず知らずのうちに両者にとって当たり前になってしまうことが多い．そして，このような間柄的構造関係においては，批判的，創造的な精神を啓発することは困難であると言わなければならない．否，この前提を忘れることなく師弟関係を育てることが大切となる．

　さて，スポーツというフィルターを通して，人生論的な視座から人間の在り方や人間関係を学ぶことは，あまりにも多いのである．そして，奥行きが深いものである．それ故に，教育現象としてのスポーツは文化装置として機能し，社会の浄化装置ともなるのである．このような教育実践にトライすることは，"男子一生の仕事"であると，今は信じている．

　スポーツの教育に携わる私たちは，1コマの講義やクラブ活動に費やすエネルギーと情熱をもって，1コマ1コマの実技の授業に取り組まなければならないと自重自戒したいものである．ただし，体育実技を通して天下国家を論じることができるか．このことは，私には永遠的な課題になりそうである．

1 — 5 態度論と評価論

● 年賀状雑感

　新春．成田山の雑踏の中で，日本人があわただしくも一生懸命生きていることを実感する．安堵の感情である．しかし，決して呑気(のんき)な思いではない．

　さて，今年もまた，たくさんの年賀状を交換させていただいた．嬉しいことである．虚礼だと言う人もいるが，私はそうは思わない．1枚の年賀状で"人間"を感じることができるからである．そして，とりわけ教員にとっては，その1枚1枚がとても大切な年頭の挨拶であると思っている．およそ教員にとっては，"先生"と呼ばれることを契機として，児童・生徒・学生との生涯にわたる年賀状交換が継続されることが多々あるからである．

　大学の助手になったばかりの頃，小学校1年生を担任したことがある先生から，次のような話を聞いたことがある．「子どもにとっては，1枚の年賀状がとても大切なんですよ．僕の失敗談なんだけど，3学期の終わり頃，一人の子どもから『先生！　先生からの年賀状，ボクは出したんだけど，まだボクの家に届いてないよ』って言われてしまってね」と．

　わが子（小2）の年賀状に寄せる思いを身近に感じながら，来年のために，今年いただいた1枚1枚を丁寧に整理し始めている．年賀状交換を通しての肯定的，否定的な感懐はさまざまである．ただ，先生と呼ばれる立場でいただくそれを繰り返し読みながら，考えさせられることや反省することは多い．

● 再び"人間の信頼関係"について

さて，たった1枚の年賀状が人間の信頼関係を深めるとは思わないが，人生という道程の中で，人の心と心をつなぐ意味をもっていることだけは確かである．私にも，もう30年以上にわたって交換させていただいている中学時代の恩師が二人いる．いつも必ず添え書きされている2，3行の文章が無性に嬉しい．有り難いことであると思う．

ところで，話は飛躍するが，ミハイル・ゴルバチョフ氏は『世界を震撼させた三日間』（福田素子訳，徳間書店，1991年）の中で，クーデターにおける最も忌まわしい側面は裏切りであると述べ，かつての親友ルキヤノフ氏について，次のように記している．

「最高会議議長ルキヤノフの例をあげよう．最高会議の会合の後，彼と私は廊下でばったりと出会った．彼があの21日，フォロス岬にひょこり姿を見せて以来われわれは口をきいてもいない．実際，彼とはもう話したくなかった．あれほど彼を信頼していたのに！　われわれの事業や私個人を裏切るはずはないと考えていたのだ．思えば，学生時代から40年にわたり，彼とは親しいつきあいを続けていた．彼の行動や臆病さや，知性の欠如――彼の場合そんなことは論外だ――で説明するわけにはいかない．とすれば，純粋に打算の問題ということになる．取り調べにより，その点はいずれ明らかにされるだろう．」

権力抗争の舞台裏には，いつの時代も毀誉褒貶があり裏切りがあることは自明のことである．そして，われわれの住む世界には，小さな権力抗争が蔓延していることもまた自明のことである．それが生身の人間の社会であると思う．そこには人間の信頼関係の

変化に起因する喜怒哀楽が，絶えず潜行している．

そして，それ故に，人間の社会には，人間の良心と良識に支えられた浄化装置が必要とされるのであると思う．私は，甘い感傷ではなく，その浄化装置の一つを教育としてのスポーツの世界に求め続けたいと思う．しかしながら，プロフェッションとしてスポーツの世界にかかわっている人々が，小さな権力抗争で右往左往している事例が散見できるのもまた事実である．残念なことに，スポーツ界内部でも自浄能力が問われているのである．

ところで，教育やスポーツは，それが社会現象であるが故に，政治的・経済的指導原理によって魂をも奪われるような側面を有している．否，ときには全く無力であるのかもしれない．スポーツの世界史がそれを明証している．これらのことについて，具体的に分析し論及する力量はないけれども，自分自身の人生の身近なところで，できる限りベストを尽くして努力しなければならないと戒めている．

● 人間を評価すること

ところで，人間の信頼関係の根底には，"人が人を評価する"という側面が隠されているのではないだろうか．そして，人の何をどう評価するかというところに，評価する人の価値意識が投影されている．

さて，毎年，この時期になると，私たち教員は"評価する側"に立っている．たくさんの受講生を評価し，単位を認定することが重要な仕事の一つだからである．しかし，私自身はといえば，講義のペーパーテストはまだしも，グラウンド（体育館）における実技授業の評価には，ずっと頭を悩ませてきた．

例えば，体育実技「ソフトボール」授業では，『略式スコアブック』を考案し，すべての試合結果と個人打撃成績を記録として残してきた．そして，最終授業日には，オフィシャル記録と称して公表し，優秀者にはワープロをたたいて作った表彰状を授与する儀式を行ってきた．

　そこでは，種目選択制の授業を実施しているが故に，ソフトボールに興味をもった学生が受講してきている．しかし，過去の運動経験の有無等々によって運動能力や技術の個人差にばらつきがあることは否めないものである．そこで，すべての試合を記録に残していても，数字の上で評価の対象とする試合は限定している．ソフトボールではスローピッチ（投手が山なりボールしか投げることができないゲーム）がその対象である．ゆるやかな投球であるが故に誰もが"打って走る"ことが可能であるからである．そして，エラーによる出塁も記録上はヒット（正確にはエラーヒットと呼称する）としている．全力疾走を促すことができるからである．

　また，卓球，バドミントン，バスケットボール等を担当したときにも，その都度，独自の略式スコアブックを考案し，試合の記録を残してきた．数字を通して評価できる部分については，できるだけ公平に評価するべきであると考えてきたからである．勿論，その前提として，どのような試合（特別ルールを含む）を採用するかということについても試行錯誤してきた．実際，その成果はあったと思う．

　しかし，どのように努力しても，評価することの苦悩から解放されることは容易ではないのである．その理由は，実技授業における"態度（能力）"をいかに評価するかという課題を，終始一

貫して抱え続けてきたからである．

● **態度論と評価論**

　教室で行う授業に比して，実技の授業では，喜怒哀楽の感情が絶えず表出される．授業の盛り上がりの度合いが高ければ高いほど，その感情表出は豊かであるかも知れない．そこでは，運動技術の巧拙に関係なく，受講生一人ひとりの性格の一面を観ることが可能であるといえよう．

　大学生の教室での私語が話題となる時代である．論外のことと言わなければならないが，それは常識の問題である．一方，実技授業における，やる気のない態度や乱暴な行為，言葉のやりとりは，ある意味では，人間の心性が有する自然的な現象である．そこでは，身体活動を通して，ときには激しい鼓動を体感しながらも各々が自らの身体との対話を始めているのであり，また他者の情動に即応して自らの情動が変化することを知るのである．

　何より重要なことは，スポーツ場面における，その"場の体験"こそが，教育的意味を内包しているということである．それ故に，たとえ"悪い態度"があったとしても，それをどのように注意するかということを契機にして信頼関係が芽生えることもあることを理解しておきたいものである．

　チームメイトが軽率に全力疾走を怠ったり，しらけた態度をとっていることは，誰の目にも明らかにわかるのである．それを放置していては，皆が一緒に楽しむことはできないことは誰もが知っている．したがって，ときには険悪なムードを作り出すことがあるとしても，仲間（チームメイト）が仲間にさりげなく注意し合うことは大切なことである．そして，その勇気ある行為こそが，

両者の"態度(能力)"を向上させると思うのである．

　私は，実技授業の中では，そのことを各チームの自浄能力にできるだけ委ねることにしている．教員が"悪い態度"をその都度注意し，受講生を管理して進行する授業の中では，自律的，自立的なスポーツ愛好者，否，人間は育たないと考えるからである．

　ところで，今日のわが国においては，授業集団一つを取り上げても，実にさまざまなスポーツ集団が存在している．それは編成する側の意図にもよるが，性差，運動歴，技術の巧拙，そして学習者の興味や関心によって，その集団が織り成す授業風景は千差万別である．そこには，教員や学習者のさまざまな態度を観ることができるのである．

　さて，現在の私は，学習者の外側にいて"悪い態度"をチェックし，それを評価の対象にすることは避けたいと考えている．人間，誰にでも好悪の感情はあると思う．また，授業という限られた空間の中でも，"馬が合う，合わない"と感じるつきあいはあると思う．しかし，1年間つき合った結果として，態度が悪かったから減点という評価を下すことは，あまりにも寂しいと思うのである．皆，善くなる可能性をもっていると，信じていたいのである．私は，"態度(能力)"についてのマイナス評価はしないことを決意している．しかし，プラス評価をすること自体が，結果的にはマイナス評価につながっているのではないかと思いながら，今も悩み続けている．

　教育としてのスポーツは，その時間と空間を共有した人たちにとって，「出会った相手は運命だ」と言い切れるほどの迫力と魅力をもっているものであると思う．

1－6　私のオリンピックマインド

● 私の「体育理論」の講義

　夏季・冬季のオリンピックが同年開催でなくなってから，オリンピックは２年に一度やってくるようになった．そして，新聞紙上にもオリンピックの話題は，日常的に登場するようになった．ところで，教育としてのスポーツにかかわっている人たちは，この"オリンピック"をいかに語っているのだろうか．オリンピックの生(なま)の体験をもたない私も，講義の中では毎年語っている．

　さて，保健体育の講義が必修科目であった頃，私は「体育理論」「保健理論」の両科目を２コマずつ担当していた．受講生は１クラスが250〜280名．自らの微力も顧みずに，講義ノートはできるだけ見ずに，できるだけ自分の言葉で受講生の目を見て講義することを自らに課してきた．出欠はとらない．心意気だけは学生と勝負しているつもりである．

　「体育理論」の講義のテーマは，「現代スポーツ論――人間にとってスポーツとは何か――」である．大風呂敷を広げていることは否めない．しかし，とりわけ理工系大学の学生にとっては，テクノ・ストレスといわれる時代にあって，スポーツの楽しさとその人間教育的な意味を自らの問題として考えることが大切だと思っている．勿論，私にとっても同様である．したがって，私のこの問いかけは「自分の人生にとってスポーツとは何か」を受講生一人ひとりに反芻(はんすう)させる，そのためのインパクトを与えることがねらいである．

● 体育理論シンポジウム「オリンピック」

さて、このような「体育理論」の講義の中で、ソウル・オリンピックの年に、1回の授業を割いて実施したのが標記のシンポジウムであった。私の力量不足は否めない故に、あまり深い意図はない。ただ、オリンピックが開催された年に、皆でちょっと立ち止まって、オリンピックについて考えてみようではないかと提言しただけである。しかし、予想以上にこのシンポジウムは盛況となった。

まず、開催期日の2週間前に、各クラス2名のシンポジストを募集する。一人10分間の問題提起。その後、私が司会役を務め、シンポジストを中心にフロアの受講生と討論するという形式である。思ったよりすんなりと各2名のシンポジストは決まる。彼らには、1週間前までに発表要旨を400字詰原稿用紙5枚程度にまとめるよう指示する。提出時には、事前の打ち合わせを研究室で行う。それは、シンポジウムをより円滑に進めるための方法についてであり、内容についてはすべて彼らの自由意志を尊重する。レジュメは印刷して全受講生に配布する。

当日は、通常の授業時よりも多い80％前後の出席者であった。シンポジストは、200名を超える受講生を前にしてかなり緊張している。そわそわとトイレを往復している者、発表時にはからだを震わせて話し始めたシンポジストもいる。ここでは、2クラスをまとめて、その概要を記しておきたい。4名の演題は、以下の通りである。

　（1）　オリンピック──スポーツ倫理いずこへ──

　　　設計士を目指している建築学科のO君は、ソウル・オリ

ンピック最大の関心事, ベン・ジョンソン問題に触れながら, スポーツ倫理の堕落が, 選手ばかりでなくオリンピックの舞台裏にまで及んでいることを憂慮する. そして, その主因は政治にあるとし, スポーツがスポーツとして自立できない悲しい時代を迎えたと結んだ.

(2) オリンピックとスポーツ

いつも最前列で受講していた機械工学科のS君は, スポーツは, 何より一人ひとりにとって楽しいものでなければならないと主張する. そして, 生涯スポーツが基盤となった競技スポーツというスジ論の上にオリンピックを展望することの必要性を説いた.

(3) オリンピックとアマチュアスポーツ

シンポジスト募集に際しすぐに名乗りを上げた応用生物科学科のAさんは, 何事も参加して勝利を目指すことに意味があるという. そして, その勝利のために, その人がそれまでに犠牲にしてきた人生の楽しみに対して, その選手を見物して楽しんでいる人々が何を言えるのかと強調する. さらに, ショーとしてのスポーツと割り切ってしまえば, 一瞬だけでも輝くために, 苦悩している人間の気持ちもわからないわけではないと自問する.

(4) メダル至上主義について考える

サマーキャンプをともにした応用生物科学科のM君は, 前者とは逆に, やはり参加することに意義があるのだとい

う．それは，勝負に対しては，基本的には当事者以外の者が口をはさむ権利はないという主張でもある．

　以上の4名は，オリンピックに伴って特集されたいろいろなジャンルの雑誌を参考にしている．それぞれが熱弁であった．フロアの受講生に強烈なインパクトを与えたと言ってよい．発表終了後，しばらく沈黙があった．しかし，一人が挙手して発言すると次から次と続いた．1クラス約20分の討論の中で，2クラス合計12名が，それぞれの意見を堂々と述べたのである．そこでの議論については，ここでは省略したい．

● 人間の競走か？　科学技術の競争か？

　しかし，このシンポジウムで最後に発言に立った建築学科女子学生Iさんの発言は，私には深く心に残るものであった．彼女は，メダル至上主義やドーピング問題について，チーターと人間を掛け合わせれば……という冗談を交えながらも真摯に語り，「究極のところ，私は，人間の競走か，科学技術の競走か，ただ，それだけが問題であると思う」と結んだのである．

　この意見は，一つには，科学技術の最先端を学ぼうとしている学生の発言であるということ．そして，もう一つは，この講義が「人間にとってスポーツとは何か」というテーマを抱えていること．この二つの点において，シンポジウムを総括するには十分であったのである．終了後，そのクラスでは，一人の女子学生が私のところまで来て，「先生，来週はもうやらないんですか．きょうはとても良かったです．私も言いたいことがあったんです．もう一週やっていただけませんか」と問いかけてきたのである．珍しいことであった．私は，「いや，きょうで終わる．何事も余韻

が大切だ」と答え，「しかし，あなたの意見も是非聞きたいから，レポートにして提出してほしい」と付け加えた．

　私は，この日のシンポジウムを次のような言葉で結んだ．

　「先日，体育学会の分科会で，同様のタイトルでシンポジウムが開催された．私は熱心に聴講してきた．しかし，きょうの君たちのシンポジウムは，私にとっては，学会のシンポジウムよりもはるかに有意義であった．感謝したい．スポーツの本来的意義からオリンピックを見た場合，人間の競争か，科学技術の競争かという言葉は，極めて重要なキー・ワードになると思う．そして，とりわけ若者は，何事についてもこの視点をもつことが大切であると思う」と．

● 私のオリンピックマインド

　1−1でも記したことであるが，私は，毎年，オリンピックについての講義では，そのプロローグを次のように語ることにしている．

　「オリンピック・ムーブメントのもつ，あまりにも偉大な意義が一つあると思う．今日，世界の，ある一つの都市に，言語，風俗，習慣等を異にする百数十カ国の若者が一堂に会して開催される祭典がほかにあるだろうか．ないと思う．宗教的世界には，それに近いものはあるかもしれない．しかし，それは一つの教義に基づいている．オリンピックを成立させるもの，それは，そこに一つの"ルール"が存在しているからであると思う」と．

　さて，"ルール"に基づいて"人間の競争"を実現していくためには，何が必要とされるのであろうか．私たちは，今，このことを誠実に考え，実践していかなければならないと思う．否，今

日的状況の中では,「人間の競争とは何か」という課題から出発しなければならないのかもしれない.究極のところ,"科学技術の競争"も"人間の競争"であるからである.私たちは,このようなごく当たり前の事実を知らず知らずの間に忘れてしまっているのではないだろうか.

　スポーツの科学的研究の進展に即応して,スポーツの教育哲学的研究が推進されなければならない時代であるといえよう.文献を渉猟(しょうりょう)することも大切なことである.しかし,自らの実践的契機を,人間の間柄的構造関係という視点を消去することなく見つめ直し,実践者一人ひとりが独自のスポーツ（教育）哲学を構築することが,今,求められているのである.

　私たちが,オリンピックをより教育的なムーブメントとして展開していくためにも,この内的作業は大切である.また,オリンピックに限らず,あらゆる人間の社会において,"成文化されたルール"を遵守することは当たり前のことである.そのためには,そのルールを支える"成文化されないルール"を,自らの道徳的良心の内に築き上げる努力を怠ってはならないのである."人間の競争"を実現していくためにも.

1―7　私のオリンピック

● 市民スポーツのオリンピック

　1988年10月27日，私は，米国サンフランシスコ市ダウンタウンのシェラトンホテルにいた．第1回世界市民スポーツ大会（World Corporate Games＝WCG）の卓球会場が設営されていたからである．私にとっては初めての渡米，そして，外国人と初めて対戦するオフィシャルゲーム，国際試合であった．

　翌1989年9月30日，私は，サンフランシスコに隣接するコンコード市にあるコンコード高校の体育館にいた．第2回WCGの卓球個人戦に登録したからである．この日，日本人は私一人であった．

　私がこの大会への参加を決意した理由は，WCGが"市民スポーツのオリンピック"を意識して開催されていたからである．そして，"スポーツは無言の言語である"という私の持論を体験的に証明したかったからである．

● WCG誕生の経緯

　1985年，カナダのオンタリオ州トロント市において，第1回世界マスターズ大会（World Masters Games＝WMG）が開催された．このWMGは，かつてのエリートスポーツ選手たちに参加を呼びかけた中高年者を対象とした世界大会であった．わが国からもおよそ250人の選手が参加したという．

　ところで，このWMGを提唱したモーリン・ジョンストン女史（Dr. Maureen Johnston：当時トロント大学教授）は，生涯スポーツ

の普及団体として「生涯スポーツ振興財団 (Sport for Life Promotions, Inc.)」を創設し，1987年2月には，この財団の第1回世界顧問会議（World Advisory Board＝WAB）をサンフランシスコ市で開催したのである．そして，このWABにおいて提唱されたのがWCGであった．

わが国からこのWABに世界顧問という立場で出席された飯塚鉄雄教授（中京女子大学）によれば，このWABは"世界マスターズ大会"の恒久化のための組織づくりとして開催されたと予想していたが，その目的は別のところにあり，実は第1回WABにおいて第1回WCGサンフランシスコ大会組織委員会が結成されたという．（生涯スポーツ振興財団の発足：ロアジール，1987年4月号参照）

そして，飯塚氏は，「スポーツが主としてエリートによって占められていたことと，しかも，競技能力最盛時の青年期に限られていたものを生涯に延長した点は，生涯スポーツにとって，一つの重要なステップであったし，トリムや体力・健康づくりにとっても貴重な新たな視点であった．さらにそれを一歩進めて，それらエリートによって指導を受けた一般市民の楽しむスポーツ集団，非競技的スポーツ集団に，機会を提供しようとするWCGは，当分，西側諸国にとっては特に関心をひくものであろう」（前掲書参照）と述べているのである．

このように，WCGは生涯スポーツ振興財団を母体として，かつてのエリートスポーツ選手たちのその後をターゲットにしたWMGに呼応するかのように誕生した，一般市民をターゲットにした"市民スポーツのオリンピック"を目指すものであった．

● WCGの概要

次に，大会要項を参考にして，その概要を紹介したい．

（1） 大会の性格

① 生涯スポーツを愛する社会人のための世界的なスポーツイベントである．

② 健全な職場づくり，社会人のための体力づくりを目指し，社会人の参加に合わせた種目を用意する．

③ スポーツを一生続けようと考えている人たち，そしてスポーツを通じて人間を愛し，尊敬しあう人たちのためのものである．

④ ナショナルチーム，国家，イデオロギー，政治を拒否する．

（2） 大会参加資格

① 企業・法人・組合等あらゆる組織に雇用された，または後援されるか認定された個人とチームが参加資格を有する．なお，この組織には，同好会・サークル・スポーツクラブも含まれる．もし，完全な個人として参加したい場合は，会員一人のスポーツサークルの代表という形で参加できる．

② 性別・年齢・人種・宗教の別は一切問わない．

③ 参加費は，参加者自身または所属する組織が支払う．

④ すべての選手は，組織の代表であることを組織の責任者が正式に確認した者でなければならない．個人登録の場合には，参加者と責任者が同一人物となる．

⑤ この大会は，あらゆる役職・肩書きの人もすべて平等であり，誰でも参加資格がある．

以上のような特色をもつ第1回WCG開会式が，1988年10月22

日，午後1時，サンフランシスコ市庁舎前の広場で開会された．ジャズとさまざまなパフォーマンスで始まったこの式典では，参加約400社の米国企業のパレードが次から次と続いたのである．これらの企業は，スポンサーとして名前を連ねると同時に，自社の選手団を編成するものであった．大会名称が示すように市民スポーツ大会であると同時に企業大会（Corporate Games）でもあることから，福利厚生事業の一環として企業内健康スポーツの振興を企図しようとしているのである．ちなみに，第1回大会への参加者は，18カ国から約4500名であった．わが国からは私たち家族3人を含め38名が参加している．

● 初めての"国際試合"

　さて，私は，高校時代に愛好していた卓球への登録を日本で事前に済ませ，現在の専攻実技であるソフトボールについては，現地入りしてからどこかのチームにもぐり込むことを考えていた．選手登録は30代のシングルス．そのクラスの出場者は40名．日本人は他のクラスに女性が1名いただけであった．

　ところで，私がまず驚いたことは，会場がシェラトンパレスホテルと明記されていたことである．そこから徒歩7分のヒルトンホテルに宿泊していたこともあって，試合の前日には下見を兼ねて訪れた．その時には，全米の某協会のパーティーが盛大に開催されており，紳士淑女のドレスアップした姿を目で追うばかりであった．「果たして，明日はここが卓球会場になるのだろうか」というのが，正直な感懐であった．

　当日，シェラトンパレスに着いて，ホテルの静かなたたずまいの中でも同様な気持ちであった．大袈裟に表現したら，会場に向

かう一歩一歩が心臓の鼓動を高めるような，そんな気分で歩いていたように思う．入口に立つと，そこには確かに卓球台が整然と並べられた会場があった．着替えをしながら，久し振りに握るラケットに感謝したいような気持ちであった．実際，ラケットを両手で挟んで頭を下げ，天に感謝の意を表した．そして，スポーツは世界をつなぐ．本当にそう思った．

　出場者はアメリカ人が多かった．故に，その技術的なレベルは初級者から中級者というところであった．しかし，会場の雰囲気は，一つひとつの試合に観衆の注目度が高いという意味において，上級者レベルであった．ソ連（当時）から参加した一人の女性は，疑いなくこの日のヒロインであった．

　さて，印象的なことを一つ記しておきたい．日本から参加したＮさんは，見るからにママさん卓球の愛好者であった．Ｎさん曰く，「楽しい卓球をやりたくて参加したんですよ．日本での試合はとてもセコセコしているでしょう」と．かつて20代の頃，某卓球クラブのコーチを5年間務めた経験から，そのことは理解できるような気がした．Ｎさんは，そのためにご主人の理解を得てここまで来たのである．"勝つことを楽しむ"前に"参加することを楽しむ"．そのちょっとした心の余裕が市民スポーツを育てるのかもしれない．そして，スポーツは国境を越える．

● ジャップ！

　さて，私のクラスの試合は，4人ずつが1組でリーグ戦を行い，優勝者が決勝トーナメントに進出するという方式である．私の戦績は2勝1敗，決勝進出はならなかった．しかし，この日の卓球は過去のすべての試合の中で最も楽しかった．

ところで，この日の試合で，ふとカルチャーショックを受けたシーンがあった．第2戦目のアメリカ人との対戦中の出来事である．彼は，試合の始めと終わりには極めてフレンドリーであったにもかかわらず，2セット目の私の大量リードに対して，顔をこわばらせて「ジャップ！」と叫びながらサービスを出し続けたのである．

　私は，自分がどのような顔つきで相手に対応すればよいか，彼に背中を向けてボール拾いに走りながら一生懸命考えた．そしてその都度，自分に"明るく，楽しく"と言い聞かせることにした．彼に顔を向ける瞬間には，できるだけ穏やかな顔でいるように心がけた．「ジャップ！」に不快感をもたなかったわけではない．ただ"シェラトンパレスホテルで卓球"という現実が私の心の中では大きく広がっていて，そんなことはどうでもいいというのが本音であった．「ジャップ！」を通して，"ここはアメリカだ"ということと，"国際試合"を実感していたのかもしれない．

● アメリカの"球友"

　翌1989年9月30日，私は時差ボケのままラケットを握ってコンコード高校体育館にいた．前年のシェラトンパレスホテルとは趣が異なった会場であった．

　しかし，この会場で，私にとっては生涯忘れられない楽しい大事件が起こった．一人でポツンと会場にいる私のところへ，1年前の「ジャップ！」の彼が近づいてきて肩をたたき，そして握手を求めてきたのである．彼の名前はスティーブン・ディーン．コンピューター会社に勤務する好青年であった．

　その日の試合のことについては，私はほとんど覚えていない．

勝敗すら忘れてしまった．しかし，かつて高校時代の卓球大会で，試合の合間に体育館の外に出て友だちと語り合ったように，彼とはたどたどしい英語で夕方まで語り合った．アメリカで友だちをつくるために日本から持参した"お茶"を手渡し，本場のソフトボールを学習することが主目的であることを，テープを巻き戻すかのように話した．

　卓球マンである彼は，ソフトボールについてはあまり知らなかった．しかし，その年の大リーグ，アメリカンリーグ東部地区のプレーオフ第1試合，アスレティックス対ブルージェイズのチケットを手に入れて，私と家族の訪米を歓迎してくれたのである．彼がチケットを入手するのに苦労していることは，再三の電話のやりとりでなんとなくわかった．そして，オークランドの球場に向かう車の中では，すでに始まっているラジオの実況中継を聞きながら，一生懸命解説者を務めてくれたのである．

　試合は，彼が応援するアスレティックスが7対3で勝った．ホテルまで送ってくれたスティーブンとは，近くのレストランで時間の許す限り遅くまで語りあった．当初の予定にはないエキサイティングな一日であった．

● **エピローグ**

　その翌年，私はハワイへの短い旅をした．バスでパールハーバーを訪れた．そこでいろいろなことを考えさせられた．その中に，あの日，スティーブンが私に投げかけた「ジャップ！」という言葉があった．

　スポーツの世界は，徹頭徹尾"人間愛"に支えられて在るものであってほしいと思う．

1−8　私の"国際交流"事始め

● プロローグ

　本稿を書いている今，ちょうどオリンピック日本選手団のチャーター便がバルセロナへ向かって出発したところである．世界を舞台にしたスポーツ史，否，社会史に残る壮大なドラマと事件が刻まれるのに違いない．

　私が日本の片隅にいて願うことは，参加した全世界の選手，役員諸氏が言語，風俗，習慣を越えて，たくさんの新たな"友人"を得てほしいということである．

　さて，本稿は前節の「私のオリンピック」の続編である．

● "スローピッチ"探求の旅

　1988年10月23日，私は，第1回WCG（世界市民スポーツ大会）の大会参加登録手続きのために，サンフランシスコ金融街の中心，ジャスティンハーマンプラザにあるスーパーセンターにいた．卓球の個人登録の他に，現地入りしてから，どこかのソフトボールチームに特別参加登録を認めてもらうことが，初めての渡米で自らに課した課題であった．

　ところで，ソフトボールが専攻実技である私にとって，本大会のソフトボール競技が"スローピッチ・ソフトボール"と明記されていたことが，渡米を決意させたと言っても過言ではない．このスローピッチとは，投手に山なりボールの投球を義務づけるソフトボールである．ソフトボールの本場（誕生の地）アメリカでは，その競技人口とファンは1億2500万人と言われており，その

80％以上がスローピッチ愛好者であると言われている．ところが，わが国ではいまだにファーストピッチが主流であり，スローピッチの理解度はほとんどないのである．

　私自身は，恩師・吉村正先生（早稲田大学教授）からソフトボールの基礎知識をご教示いただき，10数年前から，体育実技授業でこのスローピッチを採用してきた．しかし，本場のスローピッチの試合はまだ見たことも，プレーしたこともなかったのである．したがって，この渡米は，私にとっては"スローピッチ探求の旅"でもあった．さて，その日，スーパーセンターで，ソフトボール競技の受付嬢の前に立った瞬間から，"私のオリンピック"はスタートしたのである．全く予想しなかった展開，日本にいてはできない経験を記しておきたい．

● 私の"国際交流"事始め

　私は，受付嬢にたどたどしい英語で，今からソフトボール競技に参加登録をしたい旨をお願いした．しかし，彼女は目の前に一人立っている日本人を見て，あっけにとられたように，所属チームがないから不可能なことであると言う．そこで，ＷＣＧ日本事務局を兼ねる旅行社が受付時のために用意してくれた通訳の方に頼んで，日本からソフトボールの研究とプレーをするために来たことを並べ立てて懇願する．しかし，受付嬢の対応は変化なし．そして，彼女は私にソフトボールの競技者用パンフレットを忙しく手渡すと，後は直接問い合わせろと言うのみであった．

　私には，電話でスムーズに話をまとめる自信は全くない．その上に，そのパンフレットを見ただけでは，どこに電話したらいいのかさえもわからない．少し英語が話せる私の妻も，「自分のこ

とは自分でして」と，私の戸惑いを楽しんでいるかのようである．ささいなことと思いながらも，実際，大きな挫折感を抱いたことは確かである．そこで，翌日の夕方に開催されるというソフトボール競技のレセプションまで待つことにする．

　10月24日，午後7時．スーパーセンター内に設営されているレセプション会場に到着．7時30分の開会予定である．会場では，すでにプレスの方々のレセプションが盛況であった．カリフォルニア州知事，サンフランシスコ市長も列席されており，狭い会場内は国際色豊かであった．故に，引き続いて行われる筈のソフトボール・レセプションへの期待は高まるばかりであった．

　ところが，7時30分を過ぎてもその気配は何もない．それどころかディスコ風のダンスが始まり，陽気に踊る人々の輪が少しずつ大きくなってゆくばかりであった．「一体何がどうなっているんだ」……そのときの正直な気持ちである．日本人は私と妻，そして5歳の息子だけである．とにかくここで憶していてはと，息子の手を引いてダンスの輪の中に入る．幼児はその会場にただ一人ということもあって，我々は少しく注目される．8時30分を過ぎた頃，音楽が止まり，突然"ソフトボール"という単語を耳にする．ホッとする．しかし，その日に行われた試合の表彰選手が1名呼び出され，皆の祝福を受けただけで終わった．そして，もはや散会ムードである．焦った．

　私は司会者のところへ行き，競技者用パンフレットの"Event Director"のところを指差しながら，「日本から来ました．ダニー・ブラウン氏にお会いしたい．彼はどこですか」と尋ねる．司会者は担当の女性を私に紹介する．彼女はブラウン氏はここにはいないことを私に告げ，自分が連絡しておくから，明日，彼のオ

フィスに電話をするようにと言う．ようやく手にした"電話番号"であった．

● ダニー・ブラウン氏との出会い

翌10月25日の朝．ダウンタウンのホテルからダニー・ブラウン氏のオフィスに電話を入れる．前夜メモにしたいくつかの"会話例"は，若い女性秘書の流暢な英語の前には，何の役にも立たなかった．聞き取ることができず全く会話にならないのである．結局，彼女には，「日本から来たマルヤマです．ダニー・ブラウン氏にお会いしたい．今日午後5時に会場に行きます」と，たどたどしく一方的に繰り返して伝えたのみであった．失礼千万な電話であったと思う．

ホテルからソフトボール会場までは約2時間かかった．確かな約束ができている訳ではない．半信半疑のまま，地図を片手に，ダウンタウンからバート（地下鉄）で約1時間のコンコード駅で下車．バスに乗って約15分．WCGの大会旗を発見したときは，なぜか安堵の気持ちがあった．「ここまでトライしたら十分．今の自分の力量ではここまで」という慰めの気持ちも確かにあった．広々とした公園には，手入れの行き届いたソフトボール球場が並んでいた．人影はなかった．こうして家族3人でこの場所を歩いていることが不思議であった．

しばらくして，私たちは，グラブとバットを手にして立ち話をしている男性と女性を発見した．私は小躍りして彼らに近づいていったのだと思う．そして，ドキドキしながら「日本から来た者ですが，ここはソフトボール会場ですか」と尋ねると，彼は私をじっと見つめ「あなたがムラヤマか，私はダニー・ブラウンだ」

と，穏やかな言葉が返ってきたのである．私は，「アイム，カツトシ・マルヤマ」とはっきり言いながら思わず握手を求めた．

　私は彼に，日本からスローピッチ・ソフトボールを勉強するために来たことと，WCGでどこかのチームに入ってプレーしたいことを，たどたどしくも一生懸命に伝えた．そうしているうちに，彼のチームのメンバーである数人の男女がそろい，フリーバッティングが始まった．私はその練習に参加することを許され，ブラウン氏との入念なキャッチボールの後，アメリカでの初打席に立つことができたのである．私は，練習中，恥も外聞もなく，絶えず"ナイスバッティング""ナイスキャッチ"と大声を出し続けた．仲間に加えてもらえた心からの喜びを彼らに伝えたかったからである．

● スポーツは世界を結ぶ

　練習が終わると，ブラウン氏は，彼のチームの大会期間中のスケジュール表を私に手渡し，チームの一員となることを認めてくれたのである．残念ながら試合当日は帰国予定日と重なっており，スローピッチの試合出場は実現できなかった．その日，ブラウン氏と別れたのは，夕闇が迫った午後7時過ぎであった．しかし，彼にはアメリカのソフトボールについて個人教授をお願いし，3日後の午後2時にオフィスを訪問することを許されたのである．本物の"約束"がようやくできたのである．

　ダニー・ブラウン氏は，コンコードのスポーツオフィスの所長であった．第1回WCGのソフトボール競技は，彼が管理，運営しているソフトボール球場を会場として開催されていたのである．そして，ソフトボール競技の総責任者としての彼は，スローピッ

チ・ソフトボールのみを統括する大きな組織「全米スローピッチソフトボール協会（United States Slo-Pitch Softball Association）」のパシフィック地域の責任者であり，協会副理事長の要職に就いている人物であった．この協会は，スローピッチを強調するかのように，slowの"w"をあえて取った協会名としていたのである．わが国では，まだ知られていない全米ソフトボール協会であった．

　私は妻の協力も得て，前の晩に用意しておいた質問を，次々と無遠慮に浴びせ続けた．ブラウン氏は，小学校の先生のように寛大にそして丁寧に答えてくれたのである．また，協会の名前が入ったTシャツや帽子をたくさんプレゼントして下さった．"ソフトボール"という言葉が海を越え，その共通理解が進むにつれて，私には新たな大切な師匠，友人を得たという実感が確かにあった．珍しく妻も興奮していたことを思い出す．

● **エピローグ——再会——**

　幸運なことに，翌年の第2回WCGのソフトボール競技は，再びコンコード市を中心にして開催された．私は迷うことなく大会参加を決めた．1週間だけ授業を休講にした短い旅であった．

　ダニー・ブラウン氏とは，滞在中に4回お会いした．そして，ホームパーティーにも招待していただいた．その折に書いてもらった彼の家族のサイン入りボールは，今でも大切にしている．

　私は，今，ソフトボールチームを編成して海外遠征することを真面目に考えている．市民スポーツ，生涯スポーツの視点で"私たちのオリンピック"を実現することが，今，求められていると思うからである．

1—9　子どもと遊ぶ

● **子どもと遊ぶ**

　幼児の"体育あそび"にかかわって20余年になる．大学2年生のとき，杉並区のK幼稚園に「体育指導講師」のアルバイトとして通い始めたのが最初である．その後，今日まで，そのときどきに自分がかかわることが可能な範囲で，幼稚園や保育園を訪れている．最近では，公開保育「体育あそび教室」と銘打って，父母に参観していただく中で子どもたちと遊び，終了後は，父母との懇談会や先生方との研修会を行っている．

　さて，大学で保健体育を担当している私が子どもたちと遊び続けていることは，どのような意味があるのか．ここではそのことを自問自答したいと思う．

● **子どもから学ぶ**

　大学院時代，私の研究テーマは「遊び論」であった．ヨハン・ホイジンガ（Johan Huizinga）の古典的名著『ホモ・ルーデンス』は，今でも座右の書である．そして，当時も，"遊びをより実践的に研究する"という意図をもって，川崎市のH幼稚園に通った．

　実際，週2日の体育指導は，毎回楽しいものであった．子どもたちが私のことを"まるやまゴリラ""まるブタ"などと呼んで，いつも温かく迎えてくれたからである．「体育指導日誌」も一生懸命書き続けた，私にとっては数冊の貴重な記録として残っている．その日誌には，園児の健康状況，指導内容，使用遊具，そし

て，指導者所感と担当者所感（担任の先生のコメント）等を記している．子どもたちから，また先生方から学んだことは実に多い．

さて，その記録の中に，私自身がいまだに解決できない課題が一つある．年長組のAちゃんのことである．Aちゃんは，私の体育指導時間には，いつも活動的，積極的な姿を見せてくれた女児である．ある日の昼休み，お弁当を食べ終えたAちゃんのクラスが，大きな歓声とともに園庭に飛び出してきた．担任の先生との短いやりとりの後，サッカー遊びが始まった．男児も女児も入り乱れてとても楽しそうである．なかなかの迫力である．

ところが，なぜかAちゃん一人だけは仲間に入らないで見ている．しばらくその状態が続く．私はAちゃんに近づいて問いかける．

「Aちゃん，どうして仲間に入らないの．」

「…………」

「そうか，きょうは，ちょっと調子がよくないんだ．」

「…………」

「サッカーって，おもしろそうだね．」

「だって，サッカーって，手を使っちゃいけないんだもの．」

「……そうか……．」

私が覚えているAちゃんとの会話はここまでである．しばらくの間は，彼女の隣でしゃがんだり立ったりしながら，何かを話しかけていたのだと思う．ただし，私は頭の中で，「どう説明すればいいんだ」と，一生懸命に考え続けていた．私は，「それがサッカーのルールだから」とは言えなかった，言いたくなかったからである．

● 子どもの遊びを考える

　子どもの遊びを発達心理学の観点から分析したジャン・ピアジェ（Jean Piage）は，子どもの遊びの発達段階として，①機能的遊びあるいは実践的遊び（出生時〜2歳頃），②象徴的遊び（2歳頃〜7歳頃），③ルールのある遊び（7・8歳頃〜11・12歳頃）を挙げる．

　この機能的遊びとは，"機能的快楽"のために実践するものであり，例えば，ガラガラを鳴らしておもしろがるといった遊びである．また，象徴的遊びとは，"フィクション表象"を意味する遊びであり，例えば，ダンボール箱をお風呂や自動車にシンボライズして遊ぶものである．そして，このシンボルの組み合わせが複雑になってくる段階において，そこにある一定のルールが必要となり，ルールのある遊びへと発展するのである（ジャン・ピアジェ著，大伴茂訳「遊びの心理学」，黎明書房，1967年，参照）．このような遊びの発達段階は，感覚機能や基礎的運動能力の発達を土台にしながら，想像力や社会性を育てることにつながる重要なものである．

　ところで，このルールのある遊びの代表的な文化遺産は，スポーツである．万国共通の成文化されたルールを有するスポーツは，オリンピックという巨大な人類のフェスティバルをも可能にしているのである．ただし，オリンピックを問わず"ルールのある遊び"が内的・外的要因によって変容してきていることも事実である．

　さて，今日のわが国では，幼児期においても"ルールのある遊び"すなわちスポーツの指導が盛んである．その意図は，基礎的

運動能力を向上させ，創造力や社会性を育てることにあるようである．しかしながら，しらずしらずのうちに優劣がつけられ，幼児の金メダリストが誕生していることも多いのである．そして，そのメダルを得るために，大人たちの狂騒（競争）が始まるとしたら，これは幼児スポーツ教育病の末期的症状と言わなければならない．

私は，幼児のためのスポーツ教室やスポーツクラブを否定しようとしているのではない．前述したAちゃんの問いかけからもわかるように，子どもの心，子どもの論理を大切にしたいと自戒するものである．遊ぶ子ども，スポーツする人の心性構造は，外的要因によって絶えず可変性があると思われる．その外的要因の最たるものは"人間"，人的環境である．銘記しておきたいことである．

● 父親参観日の出来事

H幼稚園では，子どもたちが"若い男の先生"を温かく迎え入れてくれたこともあって，私は意気揚々と体育講師を務めていたのだと思う．否，子どもたちにモテテいると錯覚し，生意気になっていたのだと思う．そんなある日，園長先生から日曜日の父親参観日に「体育指導」をと依頼される．二つ返事で引き受ける．当日は，多数のお父さんたちに囲まれての公開体育（保育）であった．

結果は，自信喪失，無残なものであった．子どもたちは，普段は幼稚園に来ることが少ないお父さんがいることで，いつになく興奮している．私は巧技台やマットを用いての指導に入る．しばらくして，一人の子どもが我慢していた気持ちを振り切るように，

「おとうさーん！」と大きな声で叫びながら，お父さんの方に向かって走り始めた．その瞬間，半数以上の子どもたちが同様な行動をとったのである．そして，子どもたちは，慣れない場所に来て遠慮がちに参観しているお父さんを激励するかのように，広い園庭を元気いっぱい走り回った．この日は，最後まで私の体育指導は成立しなかったのである．大ショックであった．

しかし，その理由は，自分なりに的確に分析できたと思う．当時私は23歳，参観者は30歳前後，中には私と同年輩に見えるお父さんもいる．そんな中で，いつものように"丸山ゴリラ"を演じたり，子どもたちに「はい，おともだち！」と呼びかけることは，どこかに恥ずかしさがあった．その私の気持ち（動揺）は，たちまち子どもたちに伝播していく．いつものように言葉かけをしているつもりでも，いつものような「遊び空間」を子どもたちと共有することは最後までできなかったのである．

それから数日後，4畳半のアパートで「よし，これだ」と決意したことは，今日に至るまで人生の指針ともなっている．私が決意し，実践し続けたことは，幼稚園に向かう石段の下で一瞬立ち止まり，「よし，今からは日常の自分ではない．非日常の世界に入っていく．丸山ゴリラに徹するんだ！」と，呪文のように唱え，気持ちを切り替える儀式をすることであった．最初のうちは，周囲に人がいないのを見計らってから目をつむって唱えたものである．そして，帰るときには，同じ場所に立ち止まって，「今から日常の自分に戻る」と，自らに語りかけた．

この試みは功を奏した．目に見えて何かが変わったというわけではない．しかし，子どもたちと遊ぶ私の意識は確かに変わったのである．そして，自分自身が人生（年齢）という階段を降りて，

彼らの世界に入っていこうと努力しなければ，子どもたちの心は見えてこないと自覚するようになった．それ以上に，この石段の下で行ったささやかな儀式は，日常生活のいろいろな場面で，私の意識を変革してきたと言っても過言ではないのである．

● 幼児と大学生

　子どもの遊びにかかわって学んだことは，あまりにも多い．幼児の体育指導の中では，私が"丸山ゴリラ"になりきって一緒に遊ぼうと努力しても，子どもたちはおもしろくなければ，私から去っていくのである．そこでは理屈は通用しない．

　一方，学生は，運動着に着替え授業空間を共有している限りにおいては，「単位認定」あるいは「評価」という教師のもつ伝家の宝刀の前では，無下に抵抗することはしない．彼らは教師にもいろいろなタイプの人間がいることを理解しているし，また，それぞれのタイプに合わせてつきあう術も，それなりに知っているものである．したがって，極論すれば，学生は私（の授業）に興味や関心を示さなくても，私が"伝家の宝刀"を有している限り，我慢を強いられていることになる．

　子どもたちとの遊びの世界では，私は，私が子どもたちとつくる"遊び空間"を楽しく成立させるために，一生懸命子どもたちの側に立って考えようとしている．それと同様の努力を学生諸君を相手にする「体育実技」の1コマ1コマについてしているかどうか．反省することは多い．

　それにしても「だって，サッカーって，手，使っちゃいけないんだもの」という問いかけに対して，私たちはどのように答えたらいいのだろうか．私は，いまだにこの課題を抱え続けている．

1—10 「はい」という返事

● 「身の回りのちょっと変なこと」

　平成4年11月3日，文化の日．朝日新聞朝刊に「身の回りのちょっと変なこと」と題した社説が掲載された．とても興味深く読んだ．以下要約．

　「身の回りの些細(ささい)なことで気になることがある．人込みの中で，他人がぶつかってくる．かばんで引っかけられる．足を踏まれる．『失礼』とか『ごめんなさい』とか言われれば，仕方がないとも思う．ところが，一言のわびもないことが多い．（中略）

　礼儀作法を教える人や場がこのごろなくなってしまった．それも一つの原因であろう．しつけの問題である．」

　そして，中島梓著『コミュニケーション不全症候群』（筑摩書房）を参考に，そんな人たちもちょっとしたきっかけで知り合いになることによって，その一言が言えるようになると指摘する．そこでは，「人と人の交際の仕方，つまりコミュニケーションの仕方が水面下で変わりつつあるのではないか」と問題提起されているのである．

　また，若者の"清潔願望"や"無味無臭願望"にも言及しながら，「いきいきとした人間同士の関係や他人を思いやる想像力が抜け落ちていこうとしているのではないか」とも指摘しているのである．そして，そのような人間と人間との距離のとり方のゆがみが，日本の社会，文化の変質を表しているのではないかと憂慮しているのである．

　私は，幾度となくこの社説を読んだ．教育としてのスポーツに

もかかわる，極めて根源的な課題が指摘されているからである．否，教育としてのスポーツは，まさにこの"人間と人間との距離のとり方"を体験的に理解することができる最良の場であると思う．

ところで，文化の根本的な特徴について，ホイジンガは次のように論及する．

「文化は努力を内包する．文化とは志向することであり，その方向は常にひとつの理想に，しかも個人の理想を超えたもの，共同体の所有するひとつの理想に絞られている．実にさまざまな理想があり得よう．（中略）文化の担い手にとって，理想は常に救済を意味する．共同体の救済，ここあるいは今よりのちにおける救済．」（ホイジンガ，堀越孝一訳『朝の影のなかに』中央公論社，1971年）

果たして，教育としてのスポーツは"文化の担い手"になり得るのか．文化装置としてのスポーツが共同体の救済という大きな課題解決に貢献できるのか．私たちは，身の回りのささやかな実践を通して，"いかにしたら可能か"と自問自答し続けなければならないと思う．

ここでは，私自身の体育実技の授業場面における「身の回りのちょっと気になること」について触れてみたい．

●「体育実技」授業での人間観察

体育実技の授業は，日常の衣を脱ぎ運動着に着替えることによって，非日常的空間を形成していると私は考えている．したがって，授業の開始時と終了時に受講生と交わす"あいさつ"は，とても大切である．なぜなら，時間的，空間的に限定されているこ

とを意識づけることができるからである．私は，受講生に対して，"あいさつ"と"あいさつ"の間は授業でオフィシャル・ゲームをしているという自覚をもつようにと語りかけることにしている．

ところで，受講生一人ひとりの投げ，打ち，走る姿を観察することは，そこに"態度（能力）"を観ることも可能である．それ故に，私はプロフェッションとしての体育教師は，グラウンドや体育館での人間観察能力をより高めていくことが，なにより大切であると考えている．

● ソフトボール授業での用具運び

さて，体育実技の授業における「身の回りのちょっと気になること」は，授業開始前後の受講生の一挙手一投足の中にも観察できるのである．ここではソフトボール授業を取り上げてみたい．

ソフトボールは，体育館内にある更衣室から最も離れているグラウンドで行う．スピーディーに授業を開始するためには，用具を体育倉庫から速やかに運ばなければならない．用具入れの篭には，グラブ・バット・ボール・ベース等が1面1セットで用意してある．1セット最低4人，通常2面のグラウンドを使うため，ラインマーカー運びの担当者を加えると約10名が必要である．

現在，その用具運びは，更衣を終えて早くグラウンドへ出てきた受講生が自主的に担当することを申し合わせている．それ以前は，学籍番号順に指名したり，当番チームを決めて順番に行ってきた．しかし，体育実技の前にある授業が延びたりした場合には，当番の数名が該当者であった場合，用具の準備は当然遅くなることになる．その数分のロスタイムをなくすために前述の方法とした．90分間の授業の中での数分はとても貴重である．そこには，

ソフトボールを希望して選択してきた受講生であるが故に，皆が積極的に協力するだろうという期待と信頼があった．

さて，体育倉庫周辺の芝生で談笑している受講生は，私が倉庫の鍵を開けるのを見ても，用具運びのために速やかに倉庫に来ることがなかなかできない．「ソフトボール，集合！」と大きな声を出さなければ，用具運びは始まらないのである．勿論，少数ではあるが毎回用具運びを担当している受講生もいる．そのほとんどはソフトボール部員である．顧問をしている私に気をつかっているのだと思う．

ようやく人数がそろい，用具入れの篭を運んでいく．人数が少ない場合にはとても重たそうである．その彼らの隣を後から来た受講生は，手伝おうとするそぶりも見せずに通りすぎていく．勿論，親しい友だち同士の場合には，「おい，手伝ってくれよ」などと気軽に声をかけている姿が見受けられる．

実際，学生の主体性に用具運びを委ねることは，以上述べてきたように結構しんどいことである．勿論，毎週指名して次回の担当者を多めに決め，倉庫前の集合時間も決めておき，私が毎回チェックすることを宣言すれば，学生は無理してでも集合することはわかっているつもりである．早く倉庫に到着した者が用具運びを担当する．今回できなかった者は次回早く来るように心がける．速やかに用具を準備して，ロスタイムをできるだけ少なくして試合を開始する．大学生らしい自主性と思いやりに期待し続けたいと思う．

● **あいさつ**

用具とグラウンド（ライン引き）の準備ができたところで，授

業開始時の"あいさつ"をする．前節で述べた幼児の「体育あそび教室」の中では，この始まりのあいさつを初めて出会った子どもたちと交わすときに，私は次のように語りかけることにしている．

「〇〇組のおともだちは，あいさつは何と何でするか知っているかナ．」

「口と口．」「おじぎとおじぎ．」

「あいさつって，目と目でするんだヨ．だれが一番いいおめめをしているか，今から先生が調べるからネ．」

そして，私は一人ひとりの園児をゆっくりと見ていく．この瞬間，ほとんどすべての幼児は，私の顔（目）をじっと見つめ始める．かなり真剣である．

「おともだちはみんな，すごーくいいおめめしているネ．それじゃあ，元気よくごあいさつしよう．だれが一番いい声してるかナ．〇〇組のおともだち，おはようございます．」

子どもたちの声は，実にはっきりとしていてさわやかである．さて，私は，学生に対しても，ときどき「あいさつは目と目でしたい」と語りかけることにしている．そして，まれなことではあるが，運動着を肩にかけていたり，腰に巻いたりしている学生に対しては，「あいさつを交わす姿になるように」と促すことにしている．また，顔（姿）が隠れている受講生には，前後左右に動いて顔（目）を見せるようにと促すことにしている．体育実技の授業では，その日の一人ひとりの顔つきを観察することによって健康状態を一瞬チェックすることも大切だからである．

私のあいさつは「始めます」，そして一礼である．「お願いします」と元気のいい声が返ってくるクラスから，会釈はできても声

がまばらのクラスまでさまざまである．このことについては，1年間の授業の中で，あいさつの仕方がどのように変化してくるのか，毎年，楽しみにしながら観察している．あいさつの後，続いて出欠をとる．敬称略である．「はい」という声の方をしっかり目で追いながら，一人ひとりの目（顔）を見るように努力している．

● 「はい」という返事

ところで，この出欠をとるときの返事の「はい」については，毎年一度は受講生に語りかけようと決めていることがある．以下のごとくである．

「こうして出欠をとっていると，実におもしろいことに気がつくようになる．今，諸君が"はい"という返事をしたけれども，この"はい"には百人百様の"はい"があるのだと思う．具体的には，まず返事をするときの姿勢．一瞬背筋を伸ばしている人，一瞬胸を張っている人，ずっと下を向いている人，からだを半身にして横を向いて返事をしている人等，さまざまである．

次に目つきと顔つき．穏やかな目つきで私に安堵をも与えてくれる人，何か悩みがありそうな顔つきの人，やる気なさそうな人等，これもさまざまである．そして，声のトーンやイントネーション．"はい"とはっきりしていて気持ちのよい返事もあれば，"はぁ"とか"ふぁい"などと弱々しい返事もある．実に千差万別でおもしろいと思う．

ところで，この"はい"という返事は，諸君が幼少の頃から今日に至るまでに使っている言葉の中で，最もその使用頻度が多い言葉の一つではないかと思う．また，ご両親が人生の中で最も大

切な言葉の一つとして諸君に最初に教えた単語（返事）ではないかと思う．したがって，この"はい"という返事の背後には，諸君のご両親の子育てが投影されているのではないだろうか．一度，まじめに考えてみる価値がある問題であると思う．」

　実際，幼児期の子どもたちの園生活における"はい"という返事は，見事なものである．それは，初めて家族以外の大きな人間集団の中での生活を経験する子どもたちが，"人と人との距離のとり方"において，この返事がとても大切な言葉であることを，無意識的に理解しているからであると思う．

　願わくは，幼稚園（保育園），小学校，中学校，高等学校，大学と進むにつれて，この"はい"という返事がより明るく，さわやかになるよう，人間修行したいものである．

1—11 自分が楽しく，仲間が楽しく，そして，みんなが楽しく

● **スポーツの楽しさ（おもしろさ）**

「スポーツは，本来，楽しい（おもしろい）ものである」とは，よく耳にする言葉である．この背景には，「楽しくなければスポーツじゃない」「教育としてのスポーツは，ちっとも楽しくないじゃないか」という意思が隠されているのではないだろうか．私自身，体育の教員として，このことについてはずいぶん悩んできた．今も考え続けている．

さて，大学は後期試験のシーズン．私の「体育理論」の試験問題の一つは，"生涯スポーツ"と言われる時代にあって，『私にとって，小・中・高12年間の体育授業，並びにこの1年間の大学体育実技は何であったか』を自問し，その意味と今後への自己課題について述べよ」というものである．ここ数年，同様の問題を出題している．

この設問は，受講生（2クラス約600名）に事前に公表することもあって，答案には体育授業への肯定的，否定的な見解が縦横無尽に述べられている．教えられることは実に多い．この見解のほとんどは，授業としてのスポーツが楽しいものであったか否かという視点からのものである．そこには「体育教師」の人物論も介在している．そして，答案を熟読玩味すると，スポーツの楽しさ（おもしろさ）についてのとらえ方が多岐亡羊としていることに気づく．

ところで，ホイジンガは『ホモ・ルーデンス』の中で，遊びの

"おもしろさ"について次のように論及している．

「遊びの『面白さ』は，どんな分析も，どんな論理的解釈も受けつけない．オランダ語の『aardigheid（面白さ）』という言葉が，最もよくその特徴を示している．この言葉のもとになっているaardは，ドイツ語のArtに対応し，あり方とか，本質，天性という意味である．『面白さ』とは本質的なものだということである．つまり，面白さとは，それ以上根源的な観念に還元させることができないものであるということの，いわば証明になっているのが，この言葉なのだ」（ヨハン・ホイジンガ，高橋英夫訳『ホモ・ルーデンス』中央公論社，1970年）

教育現象としての"スポーツの楽しさ（おもしろさ）"を，私たちはどのように考えたらいいのだろうか．

●"準備運動"雑考

私が担当する体育実技「ソフトボール」では，第1回目の授業ではガイダンスを行い，その後は，3～5週かけて公式戦（オフィシャル・ゲーム）と称するチーム対抗戦に入るための準備を行う．おおむね次のような内容である．

（1） 準備運動の方法（解説と実習）

    ａ．ソフトボールのためのストレッチング

    ｂ．ソフトボールのための基礎ランニング

（2） 審判法（解説と実習）

（3） チーム編成（自己紹介）及び主将・副将の選出

（4） スコアブックの記入法（解説と実習）

（5） 試合の運営方法の説明

上記(1)と(2)は，毎回それぞれ約15分行う．準備運動のキー・ワ

ードは,「自分のからだは自分で守ろう」である。公式戦に入るまでは,私が指導して全員一緒に行う。それ以降は,主将または副将が中心となって行う。これを「チーム・ウォーミングアップ」と称している。このチーム・ウォーミングアップでは,最低限のノルマとして3往復の塁間走,ストレッチング,かけ声をかけての準備体操を義務づけている。主将（副将）は,その日の天候や気温,またメンバーの体調等を考慮して,チーム・ウォーミングアップを効率的に取り仕切らなければならない。そして,終了したチームは,私の「集合」の合図がかかるまで,チーム・ミーティングで打順や守備位置を打ち合わせすることになっている。

　当然のことながら,私は,毎年,いろいろなチームの"チーム・ウォーミングアップ"を観察することになる。各チームに委ねたその光景は,授業としてのスポーツ活動の根源的な課題を考えさせてくれるのである。それは,過去12年間にわたって,学校体育の中で"準備運動"を行ってきたのにもかかわらず,受講生一人ひとりが主体的,積極的に"準備運動"することがなかなかできないということである。

　これは,主将や副将のリーダーシップ,また,他のメンバーのフォロアーシップにもよるが,多くの場合,数名の怠慢な受講生の態度がチーム・ウォーミングアップを崩すことが多いのである。勿論,回を重ねるたびに,部活動の準備運動にも勝るような見事なチームも徐々に見受けられるようになる。主将に対しての私の口ぐせは,「リーダーは他のメンバーの命を預かっている」である。

● ある出来事

　さて，チーム・ウォーミングアップにかかわるある出来事を記したいと思う．某チームのA君（1年生）は，チーム・ウォーミングが開始されても，腕組みをしたまま一向にからだを動かそうとしない．私は，グラウンドづくり（ライン引き）の手を休めて，意識的に監視するかのような態度をとり，遠くからA君の方を見続けた．しかし，チームで塁間走が始まっても彼は動こうとしない．2名いる女子学生にも伝染している．

　通常，このようなケースでは，私は主将を呼び寄せて，できるだけ穏やかに「君に任せたんだから，しっかりやってくれ」と語りかけることにしている．それで十分である．私が主将と対話するという行為が，他のメンバーに対しては無言の注意を促しているからである．しかし，その日は，数年振りに思いっきり名指しでカミナリを落した．A君の所属するチームのB主将が，私が監督を務めているソフトボール部の部員であったということが，そうさせた原因かもしれない．

　全員に集合をかけた後．

「A！　君は何もしないでずっと突っ立ったままだった．どうしてだ．その理由を説明してくれ．教えてくれ！」

「………」

「何を考えとるんじゃ！　ワシに教えてくれ！」

「すいませんでした．」

「ワシにあやまるような問題じゃないだろう．教えてくれ．」

「………」

「B！　お前，何やっとるんじゃ！　主将だろうが！」

「すいませんでした.」

「主将はみんなの命,預かっとるんじゃ! ビシッとせえよ!」

語気はもっと荒かったと思う.少し間合いをおいて,そのチームにはもう一度しっかりチーム・ウォーミングアップをするように指示する.その最中,A君に近づき,「自分のからだは自分で守ろうよ.授業でその習慣をつけることが一生の財産になると思う」と丁寧に語りかけた.

また,B主将に対しては,授業(試合)終了後の用具運びの道すがら,「長年,グラウンドで授業をやってきたけれども,授業時の主将は,部活動の主将よりも難しい側面があると思う.なぜかわかるかな.まじめに考えてみる価値はあると思う」と語りかけた.

● その後日談

ソフトボール部のコンパの席上.B君の話.

「先生.あのとき,ボクはAに注意したんですよ.そしたら,Aに『お前だって以前しっかりやっていなかったじゃないか』と言われてしまって,それ以上何も言い返せなかったんですよ.勉強になりました」と.A君もB君も好青年である.若者は失敗を繰り返しながら,少しずつ,そして大きく成長するのだと思う.

スポーツの授業空間は,教員が知らないところで,また,教員が深く関与していろいろな人間関係のドラマを引き起こしている.それは多くの場合,その場を共有する一人ひとりの人間の態度論や感情論に起因する問題である.それらの一つひとつのドラマから,自らの反省と自戒を込めて学び続けたいと思う.

● **自分が楽しく，仲間が楽しく，そして，みんなが楽しく**

　ここ数年，私自身が体育実技授業の中で目標とし，1年間の授業の最初と最後に受講生に語りかけることは，この授業では「自分が楽しく，仲間が楽しく，そして，みんなが楽しく」という，人生論としても極めて困難な課題に，積極的にトライしてほしいということである．

　スポーツの授業空間では，まず自ら楽しむことを考えるべきであると思う．自ら楽しむためには，当然のこととして，自律的に健康管理や安全管理ができることが前提となるはずである．ウォーミングアップやクーリングダウンをしっかり行うこと，雨上がりのグラウンドのコンディションを自ら確認すること等，この自立性が今日のわが国では弱化していると，私は考えている．

　次に，自分だけでなく，仲間も一緒に楽しむためにはどうすればよいかを考えたいと思う．同じような目的意識をもった部員が集まった部活動とは異なる授業空間では，このことは決して容易なことではないのである．チームメイトの中に全力疾走を怠ったり，無気力な仲間がいる場合，どのように注意することによってチームの雰囲気を変えることができるのか．お互いが注意し合いながら成長し，信頼関係を深めていくことは決して容易なことではないのである．勿論，部活動においては，別の視点での諸問題が考えられる．

　そして，みんなが楽しくとは，相手チームや審判員，観衆，そして，日常的に施設を管理し清掃している人たちまで，まさにみんなが楽しくその場を共有することを意味している．試合中の野次や暴言は厳に慎まなければならない．グラウンドの美化に心が

け，使用前よりもきれいになるように使用後は入念に整備すべきである．

　せめてスポーツの授業空間では，以上のことを徹頭徹尾追求したいと思う．そのことが文化装置としてのスポーツが国をも動かす原動力になると，私は信じている．

　ところで，前述したA君とB君を語気荒く叱るという私の行為は，明らかにこのスローガンに離反していることは，わかっているつもりである．自重自戒したい．

1—12 「体験知」の重要性

● ガキ大将

　私の家の近くに広場がある．そこでは，わが子（小学校4年生）が幼稚園年長組の頃から今日まで"草ソフトボール"を楽しんでいる．メンバーは，近所の幼児から小学生．中学生が仲間に加わることもある．私を含めて6名以上集まると試合が始まる．使用球は中空のゴムボール．バットは子ども用のもの．グラブは使わない．

　学校の休日が近くなると，「お父さん，○日，遊べる」「OK」という親子の会話から，この草ソフトボールはスタートする．いつものメンバーへの伝達はわが子の役目である．近所の子どもたちの方から押しかけてくることも多い．

　そんなわけでこの数年間，私は異年齢集団の遊びの中で，いわば"ガキ大将"の役割を担ってきたと思っている．「子どもの遊び」についての論議が盛んな昨今ではあるが，実際に一緒に汗を流し，声を張り上げて遊ぶつき合いの中で，子どもたちから学んだことは多い．

● みんなで遊ぶ

　前節では，「自分が楽しく，仲間が楽しく，そして，みんなが楽しく」というテーマでスポーツの授業空間のもつ意味を考えた．ここでは，まず，私自身が"ガキ大将"となって，幼児や小・中学生と一緒に"みんなで楽しく遊ぶ"ために考え続けてきたことを記してみたい．

通常，この草ソフトボールは，次のような手順で始まる．集まった子どもたちが全員でジャンケンをし，勝ち残った2人が「とーりっぴ」を行う．「とーりっぴ」とは，2人でジャンケンして，勝ち，負けの順に自軍のメンバーを指名していく方法である．仮に10人の子どもたちがいれば，勝ち残った2人が4回のジャンケンで残りの8人を順番に指名し，チーム編成をすることになる．

次にルール説明．これは私がアドバイザーの役割を果たしながら，子どもたちの意見を取り入れてその都度決める．例えば，小学生10人が集まったときのルールは，次のようなものである．

① 3年生以上は，動いているボールをからだの前方でキャッチしたら打者はアウト．

② 2年生以下は，動いているボールにからだの前方で触れたら打者はアウト．

③ フライをダイレクトキャッチしたら一気に2アウト．

④ レフト後方の道路までボールが飛んだら（落ちたら）打者はアウト．（注：道路が一段下がって死角になっているため，ボール拾いを急ぐあまり道路に飛び出すことがあり，危険であるため．）

また，キャッチャーの後方に太いラインを引き，攻撃側の子どもたちは必ずその後ろにいることを義務づけている．実際，野球型のスポーツを幼児や小学生を対象に，しかも異年齢集団で試合をすることは，技術面でも安全面でもなかなかたいへんである．しかし，このささやかな遊び空間では，子どもたちのさまざまな喜怒哀楽の感情表現を見ることができるのである．私は，いつもガキ大将の気分でそれを堪能している．

「とーりっぴ」の場面では，最後まで取り残された子どもの寂

しそうな表情を見ることができる．また，誰を取るか迷っているときの表情の中には，困惑や思いやりの気持ちが交錯していることを知ることができる．また，前回自分を選んでもらえなかった悔しさを自分の「とーりっぴ」で仇討ちしたりと，さまざまな真剣な子どもたちの感情に触れることができる．

先攻・後攻を決めることや打順編成についても，ときには泣きべそをかきながらやり合っている姿が見受けられる．そして，勝敗にこだわって，アウト・セーフを一生懸命自己主張する姿も印象的である．両者が譲らない場合には，通常，ジャンケンで裁定することになり，納得することになる．

また，最初のうちは，ただ模倣的に参加していた幼児や小学校1年生が，その成長とともにルールやゲーム構造を理解し始めると，少しずつ自己主張できるようになる．小さなからだで顔を真っ赤にして自己主張する姿は感動的である．

● **大人と子どもが一緒に遊ぶ意味**

ところで，大人が子ども（たち）と一緒に遊ぶことには，どのような意味があるのだろうか．「子ども文化」は，子どもたち同士によってこそ作られるという主張もある．しかし，私はその前段階として，大人が子どもと"遊び（スポーツ）"を通して，直接的な"かかわり合い体験"をもつことが，とても大切であると考えている．

大田堯氏は『教育とは何か』（岩波新書，1990年）の中で，次のように言及する．

「人間の子どもにとっての遊びの特質は，何かのためでなく，それ自身を楽しむ，その行動自体の中に生きることだと思います．

そういう遊びの中で人としての生活の業や知恵の基礎を会得していくのです．そればかりでなく，主として子どもたち相互の間で，あるいはときに大人との間でも，自我の深みからわき出る価値感情を分かち合ったり，きしみ合わせたりもします」と．

　この視点には，子どもの遊びやスポーツを指導する上で，看過できない課題が示唆されているように思う．今日的状況下では，大人たちが意図的，計画的に子どもの遊び（スポーツ）を指導する試みが数多く行われている．その意図は，健康づくりや仲間づくり等である．しかしながら，その意図が指導意識を強化すればするほど，「大人―子ども」「子ども―子ども」という対人関係において，"自我の深みからわき出る価値感情を分かち合ったり，きしみ合わせる"ことは困難であるように思われる．

　子どもの遊びやスポーツ（の指導）においては，"それ自身を楽しむ，その行動自体の中に生きる"ことを，大人と子どもが一緒になって同時的に共有することが原点であると私は考える．そのためには，大人が子どもに向かう意志がなければならないのである．津守真氏の言に従えば次のようになる．

　「子どもとともに時を過ごそうとする意志は，それが子どもに直接に感じられるときには，圧力となり，重荷となる．意志というのは子どもに向かう意志ではない．子どもとの生活を，自分にとっても，子どもにとっても意味あるものとし，両者にとって大切な人生のひとこまとして生きようとする．意味の転換の時にほかならない」（津守真『子どもの世界をどうみるか』日本放送出版協会，1987年）のである．

●「体験知」の重要性

　私は，教育現象としてのスポーツの世界を分析的に把握しようとする場合には，論理的，客観的な「科学知」よりも，感覚的，主観的な「体験知」が優位でなければならないと考えている．否，信頼できる「科学知」が，主体的実感を有しながら，人間（子ども）に適用されることが望まれるのだと思う．（大田堯「日本教育学会五十年を回顧して」『教育学研究』第59巻第3号，参照）

　そして，このように考えるが故に，大人が"自らに向かう意志"をもって，子どもたちと直接的にかかわり合う努力が大切であると考えている．子育てにおける親側の体験知は，同時に子どもにとっても，親子の信頼関係を醸成するかけがえのない体験知となるに違いない．この場合にも，親（大人）が"子どものため"ではなく，"自分自身のため"にどのように子どもとかかわったかが大切となる．

　ところで，親子関係は永遠的であると言わなければならない．子どもは，親にとっては最後まで子どもであり，親にとっては，子どもは最後まで子どもであるという間柄的構造関係が成立しているからである．しかし，この両者の間にある「相互性（かかわり合い）」は，子どもの成長とともに，絶えず変容，変質していると言っても過言ではないのである．しかも，その変容，変質は，人生の合理的要素によって理解でき得るものではなく，むしろ非合理的要素によってこそ説明できるものである．その非合理的要素の中核を成すものは，まさに一般論では分析的に把握することができない"親子間の愛情"である．その愛情は，親の"自らに向かう意志"の如何によって，多くの場合その姿を変えるのでは

ないかと，私は考えている．

このことは，教育としてのスポーツの場面においても同様である．職業としてスポーツ教育にかかわる「私自身」が，学生や子どもたちとどのようにかかわるのか．それは，親的，兄弟的，仲間的，そして先生的等とさまざまである．しかも，その親・兄弟・仲間・先生というイメージは，「私自身」の「体験知」によって人それぞれ多様性をもっているものであり，一般論としては説明が難しいものである．

● **挽回スピリット**

私は，体育実技「ソフトボール」においても，またクラブ内の紅白試合においても，時折，投手としてマウンドに立つことにしている．その場合，一球のボールをおろそかにしないように自らを戒めている．ひとたびマウンドに立ったならば常にベストプレーを心がけていることを，チームメイトに伝えたいからである．こうすると，当然のことながら，一緒にプレーしている受講生や部員の心情が私にも伝わってくる．

そして，イージーなボールをエラーしたプレーヤーに対しては，ときには笑顔で「ドンマイ，ドンマイ，君のミスは2～3個計算に入っているから，思いきっていこう」と語りかける．また，ときには「何やっとるんじゃ，ビシッといけよ」と怒鳴りまくる．前者は，自らのミスに対して素直に「ゴメン」という態度を示すことができた場合である．声が出なくてもいいのである．小さな会釈で「ゴメン」を表すだけでいいのである．そして後者は，自らのミスに対して，一言もあやまろうとする気持ちが伝わってこない場合である．

人間は，失敗を繰り返しながら，苦い体験を繰り返しながら，それを反省し，挽回するべく努力することを通して，自らの心の器を大きくしていく．

　いつの時代も，大人たちは，失敗させない社会や失敗できない社会を，子どもたちのために用意してはならないのである．また，子どもに関する研究についても，子どもを徹頭徹尾保護し，障壁を取り除くためにのみ進めてはならないのである．子どもたちには，「挽回スピリット」を繰り返し学ぶことができる人間的な環境をさりげなく用意したいものである．この視点から，スポーツ教育は極めて重要な役割を担っていると，私は考えている．

第2章　実践ソフトボール教育論

2－1　なぜ，ソフトボール教育論か

● 卒業論文

　本章は，第1章に述べてきた「実践スポーツ教育論」の延長線上にあって，現在の専攻実技である「ソフトボール」の体験に照らし合わせて，より具体的に教育現象としてのスポーツの意味について問いかけるものである．また，本稿は，大学（東京理科大学）に奉職した年度に創設し，16年間務めたソフトボール部監督を辞任するにあたってのいわば卒業論文としてまとめたものでもある．

　さて，大学の体育の教員として，ソフトボール部創設にかかわり，"全国制覇のロマンを求めて"を合言葉に，チームづくりにベストを尽くしてきた．いろいろな"事件"があった．走馬灯のように思い出される．それらの事件は，おおむね人間関係の心の機微(きび)に起因している．未熟な私にとっては，まさに戦いであった．自らの内面世界との戦いであった．

● 私とソフトボール

　中学時代．クラスマッチのソフトボールでは，私はエースピッチャーであった．5クラスの対抗戦で3年連続優勝であった．決してピッチャーが優れていたわけではない．チームワークが素晴らしく，加えて担任のM先生の檄(げき)が勝利を呼び込んだのだと思う．

　M先生は国語の先生であった．東京の大学を苦学して卒業した．

毎年，試合前には同じ檄が飛んだ．「いいか，なんだかんだ言っても勝負は勝たなきゃだめだ．負けて言い訳をするな」と．この一言でみんなその気になった．その恩師M先生は，体育大学への進学に際して，次の言葉を贈ってくれた．「丸山，体育教師は詩がよめなきゃだめだゾ」．忘れられない言葉である．大学を卒業するまで，ソフトボールにかかわる思い出は，このクラスマッチのみであった．

　大学院時代，学部の教育学科が主催するソフトボール大会があった．大学院生チームを編成して試合に臨む．そのわがチームの中にとてつもない投手がいた．現在，ソフトボール界の世界的指導者，研究者である吉村正先生（早稲田大学教授），その人である．早稲田大学卒業後，ハワイへの留学を経て進学された吉村先生とは大学院同期生であった．"能ある鷹は爪を隠す"の通り，その大会まで大リーグからもスカウトがきたという吉村先生の実力は誰も知らなかった．

　その頃，吉村先生は，すでにいくつかの出版社から指導書の原稿依頼を受けており，精力的に執筆活動に取り組んでおられた．そんな折，吉村先生からゲラ校正の依頼をされたことが，"私とソフトボール"の始まりである．私にはソフトボールの歴史や指導論，戦術論を繰り返し学ぶ絶好のチャンスが与えられたのである．私はこのときから師弟関係がスタートしたと思っている．その後も，私は吉村先生からソフトボールについて，あらゆる角度からご指導，ご助言をいただくことになる．

● 東京理科大学ソフトボール部の誕生

　昭和52年4月，縁あって東京理科大学体育研究室助手に採用さ

れる.

　4月某日，T先生に,「丸山さん，せっかく理科大の一員となったのだから，何か新しい運動部を創設したらどうだ」と勧められる．早速，ウェイトリフティング部，ボクシング部，そしてソフトボール部の部員募集を体育館前へ掲示する．数名のソフトボール部への入部希望者が訪れる．

　一方，当時の私の体育実技授業の担当種目は，ソフトボールと卓球．卓球が当時の専攻実技であった私は，卓球部にかかわることに未練があった．ところが，学内事情で助手は顧問になることができず断念することになる．そして，夏休みが近づいてきた頃，入部希望の1年生を待たせていたこともあり，2年生のソフトボール授業受講生数名にソフトボール部創設を提案する．グラウンドの用具庫の中で1時間以上にわたって話したことを覚えている．

　そのときの会話で印象的なことを一つ．

　「先生は，練習場は大丈夫とおっしゃいますが，ほんとうに大丈夫なんですか.」

　「バカもん！　野田のキャンパスはこんなに広いんだ．みんなでスコップ持って造ったらいいじゃないか.」

　夕方，居酒屋で用具庫の続き．100年の歴史がある大学における新しい運動部創設の意味，そして，後にわが部の合言葉となる"全国制覇のロマンを求めて"を飲み語る．後に副将となるM君は,「先生！　オレ，やりますよ」と元気よく語り，私の目の前でタバコを丸めて禁煙宣言した．よき時代であった．

　8月23日，有志数名で練習開始．その練習ではグラウンドに吐いた部員もいる．9月1日，主将・部長・副将等の学生役員を決め，この日を創部記念日とする．私は監督に就任し，顧問は部創

設を温かく見守っていただいたT先生にお願いすることを決める．創部時に私が考えていたことは，原則として2年生と1年生でチームの基盤をつくること．いろいろなチーム内のルール（申し合わせ）は，5年先，10年先のことを考慮して決めること．この二つであった．それにしても，わからないことだらけの"監督"のスタートであった．

● **なぜ，ソフトボール教育論か**

今，私が「実践ソフトボール教育論」と題してトライしようとしていることは，私自身の体験を振り返りながら，教育現象としてのスポーツの見方，考え方を再吟味，再検討することである．

ところで，全国津々浦々にはたくさんのソフトボールチームがあり，健康・体力づくりや仲間づくりのために，またスポーツそのものを楽しむために，よりよいチームをつくろうとしている．そして，地区大会や全国大会での入賞や優勝を目指して，厳しい練習に取り組んでいるチームも多い．

さて，よりよいチームをつくるためには，リーダーを選び，チーム内のルールを決めなければならない．勿論，そのルールは暗黙の了解事項であり，成文化されていないルールであることが多い．しかし，このルールこそが，毎年，入退部者がありチームの構成員が交代しても語り継がれて，チームの伝統を築く土台となるのである．

そして，そのルールを中核として日常のチーム運営で織り成される人間関係の中には，疑いなく"教育論"が介在している．そのチームの"教育論"が介在している．なぜなら，そこには人間的なよりよいチームをつくりたいという願いがあるからである．

しかし，人間が一人ひとりみな違うように，一つ一つのソフトボールチームという人間集団は，それぞれに個性的であり独自の教育論を有しているものである．例えば，部員となる資格，チーム内の役割分担，リーダーの選出方法，レギュラーの決定方法，練習計画（短期・中期・長期），チーム及び個人成績の記録等々，そこには各チームの"教育論"が脈々と流れているのである．

ところで，"論"とは，『広辞苑』（新村出編）によれば，「物事の道理を述べること，意見．見解．事理の正否を論議・断定するもの」などとある．チームをよりよくするための教育的道理（意見）を，メンバー一人ひとりの英知を結集して，時間をかけてつくり上げることが肝要となる．それでは，"チームをよりよくする"とは，一体どういうことだろうか．そして，"教育"については，どのような基本認識をもったらいいのだろうか．

● **自分が楽しく，仲間が楽しく，そして，みんなが楽しく**

"チームをよりよくする"ことは，換言すれば，「自分が楽しく，仲間が楽しく，そして，みんなが楽しく」試合に臨み，練習に取り組むことである．第1章でも述べたことであるが，ここではクラブ活動を想定しながら言及しておきたい．

スポーツは本来楽しいものである．しかし，そのチームの目的意識によって，"楽しさ"の追求の仕方は大きく異なってくる．全国制覇を目指すチームにとっては，ある意味では"楽しさ"は遠いところにある．しかし，その目標のために自ら妥協しない厳しい練習に取り組むことは，その本人にとっては楽しい練習になるのかもしれない．

ここでは，もっと基本的な視点で考えておきたい．まず，ソフ

トボールを"自分が楽しむ"ためには，自分の健康管理や安全管理が前提となる．チームとして他律的に管理をする前に，一人ひとりが自律的，自立的に自らのからだを管理できるチームでありたいと思う．

次に，"自分だけでなく仲間も一緒に楽しむ"ことを絶えず考え続けたいと思う．これは，チームゲームでは決して容易なことではないのである．通常，どのチームでもベンチ入り（試合登録）メンバーをどうするか，レギュラーメンバーをどう決めるかということは，苦慮する大切な問題である．みなが一生懸命練習して体力・技術が向上すればするほど，この競争は熾烈になるものである．しかし，選手選考からもれた部員は，高いお金をかけて遠征試合に出かけたとしても，一切試合に出ることはできないのである．

したがって，"仲間も一緒に楽しむ"ためには，レギュラーメンバーの責任はあまりにも大きいのである．ベストプレーを絶えず心がけ，自軍の勝利の喜びを応援している仲間と分かち合うためにも，レギュラーの誇りと自信を試合の中で示し，勝利に導かなければならないのである．ましてや，敗戦した場合には，レギュラーには言い訳は許されない．それまで以上に練習し，レギュラーの座を奪われないために，あらゆる面で努力を重ねることが大切となる．そのレギュラーの姿勢が，チームを鼓舞し，レギュラーを目指す他のメンバーの意識を高揚させるのである．そこにこそ高次元のチームの連帯感が生まれることになる．

もう一つ，"その場を共有するみんなが楽しむ"ことを考えたいと思う．"みんな"とは，相手チームのメンバー，審判員，記録員，施設を管理し清掃する人，観衆等々を指す．ソフトボール

の勝敗ばかりにこだわるプレーヤーには，とりわけこの視点が欠如していると私は考えている．一つの大会の背後には，どれだけ多くの人々の尽力があるか，目の前で見えないことにも思いを馳せることができるようになりたいものである．野次，暴言，挨拶，グラウンドの美化等々，当たり前のことが当たり前でなくなってきている昨今であると思う．

● **教育とは何か**

"教育"という言葉は，日常生活の中で比較的気軽に用いられている．このことは，日常生活の至るところに教育現象があることを意味している．そして，教育がその成立の根底を，人間相互の接触関係においていることは自明のことである．

ところで，この"教育"の概念規定について，1－1でも述べたことであるが，私には心の支柱ともなっている講義がある．故・土屋忠雄先生の「教育学特殊講義」である．その日は，教育の目的・内容・方法についての講義であり，教育基本法第1条「教育は，人格の完成を目指し，………」という教育の目的に焦点が絞られた．ところが，その講義内容は，私の予想をはるかに超えたものであった．

「人間の生きている炎が燃えている限り，人格は円満にはなり得ない．」

「人格の完成という実現不可の目的をなおざりにして，内容を云々することは無意味ではないのか．」

「人格の完成は抽象論にすぎない．教育とは具体的な個人に関するものである．」

私は，この講義において，なにより"教育"という用語を美辞

麗句とすることなく，人間らしさと人間くささ，あるいは理性と感性の狭間において考え続けなければならないことを学んだと思う．土屋先生は，したがって，教育について次のように定義するのである．「教育とは，まず何よりもあらゆる面にわたって人間性を豊かにすることであり，社会の維持と繁栄を目指して行われる作業だということである」（土屋忠雄『教育原理』啓明出版，1976年新訂）と．

私の心の支えともなっているこの定義は，「人間の生きている炎が燃えている限り，人格は円満になり得ない」ことを前提として考えながらも，教育が「あらゆる面にわたって人間性を豊かにする」ことを目的としていることを意味している．そこには人間の喜怒哀楽を是認し，失敗と挽回を繰り返しながらもよりよく生きようとする人間の自然性と，その人間への信頼を感じることができるのである．

前述したように，「自分が楽しく，仲間が楽しく，そして，みんなが楽しく」という私流のスポーツ教育論は，よりよいチームをつくるために目指したいことである．そして，教育現象としてのソフトボールが，社会の維持と繁栄，そして活性化に寄与するためにも目指したいことである．

さらに言うならば，私たちはソフトボールの試合や練習を通して，あるいはチーム運営の人間関係の中で，さまざまな失敗を繰り返しながら，挽回スピリットを学んでいるとも言えよう．強気と弱気，思い上がりと素直な気持ち，そして，自己中心と思いやり等々，これらは誰の心にもあることである．みな自分の心と戦っているのである．

ソフトボールを通して，とりわけその人間関係を通して，自分

自身のさまざまな内面世界と出合うことは，疑いなく意義のあることである．そして，他者の頭を借りながら，自分自身を謙虚に反省することも大切なことである．否，ソフトボールという限定された世界の中だからこそ，自分の未熟さをさらけ出して，自分の弱さや甘さを知ることは，人生においてかけがえのない財産となるのかもしれない．失敗が許されない，そして失敗を罰する社会が，私たちの周りにはたくさん用意されているからである．

　いつの時代にも，人間の社会には，人間の良心と良識による浄化装置が必要とされる．その浄化装置の一つを，私は教育としてのスポーツの世界に求め続けたいと思う．人間性を豊かにするためにも．

2—2　競技場

● 手の平の数字

　7月某日早朝，手の平にペンで数字を書いて試合会場に向かった．この日は，私が所属する壮年ソフトボールチーム「ドラゴンズ」が，地元のR大学と練習試合を組んだからである．R大学は今春できたばかりのチーム．しかし，高校時代のソフトボール国体出場選手や野球部経験者は多い．会場の市営グラウンドに着くと，R大学の部員諸君はグラウンド整備に余念がない．1・2年生だけのチームとはいえ，なかなかしっかりしている．

　さて，手の平に書いた数字の話である．この数字は，打者席と捕手席のラインを正確に引くために書いてきたものである．その他の数字は，すべて正確に頭の中に入っている．長年ソフトボールにかかわってきて恥ずかしい話である．しかし，正確に覚えていないことは，やはりルールブックで確認するしかないのである．

　私自身は，体育実技「ソフトボール」の授業を担当しているが故に，毎回，ラインマーカーを持って競技場づくりをしている．ファウルライン30m，コーチャーズボックスと打者席，次打者席は適当に引く．そして，危険防止の意味も込めて，ベンチ前のプレーイングフィールド境界線は必ず引く．勿論，それなりに丁寧に引く．

　一方，ソフトボール部では，これらのラインを引きグラウンドを整える任務は，長い間1年生の役割として行ってきた．毎週土曜日に行われる紅白試合や休日の対外試合（練習試合）では，1年生がグラウンドへ早めに出て，公式戦の競技場（公認審判員が

担当する)に劣らないラインを正確に，丁寧に引いているのである．グラウンドにまっすぐラインを引くことは，自分たちのグラウンドへ足を運んでくれる相手チームへのマナーとしても大切にしてきたことである．そして，なにより1年間のライン引きは，手の平に数字を書くことなく，緒ラインの長さが頭の中にインプットされることになる．

● 塁間とベース

数年前，某大学チームと合同合宿をしたときのことである．合同ミーティングを終え，部屋に分かれて缶ビールを飲みながら談笑中，ふと競技場の話になる．

私「A君，ソフトボールの塁間は何メートルだっけ．」

A君「………，わかりません．」

快男児A君は，そのチームの主将であった．

数年前，N大学の恩師のゼミで，特別講義を担当するチャンスを与えられる．テーマは「実践スポーツ教育学」であった．数少ない受講生の中に元野球部員が二人．

私「野球経験者に質問したい．野球の塁間は27.43mである．さて，塁ベースはどこに置いたらいいのだろうか．」

B君「………，わかりません．」

C君「1・3塁は，本塁プレートから27.43m測った内側に置きます．2塁ベースは，1・3塁からそれぞれ27.43mを測った交点に，ベースの中心がくるように置きます．」

C君は大正解であった．この質問は，ソフトボール授業でも毎年のように野球・ソフトボール経験者に問いかけるものである．しかし，正答率は10%に達しないのである．

野球部やソフトボール部に所属し，毎日のようにベースを踏んでいても，塁間の長さやベースを置く位置すら理解していない若者は多いのかもしれない．甲子園球児はどうであろうかと，テレビの画面に興奮しながらも，ふと思ったりする．

2―3　ユニフォーム

● 同色・同意匠

　前述した壮年ソフトボールチーム「ドラゴンズ」を結成したのは，私が40歳になって選手登録資格を得たときである．学生時代にソフトボールプレーヤーでなかった私にとっては，ユニフォームでプレーすることが一つの夢であった．勿論，プレーヤーとして全国大会出場を目指すのである．

　さて，一つのチームをつくり公式戦出場を目指すことは，決して容易なことではない．日本ソフトボール協会が主催する公式試合には，当然のことながら，ユニフォームの着用が義務づけられている．

　ルール2―12項により，同一チームの監督・コーチ・プレーヤーのユニフォームは，同色・同意匠でなければならない．また，アンダーシャツも着用する場合には同色であることが義務づけられ，背中と胸下には登録番号を付けることが義務づけられている．

　このように，公式試合に臨むためには，ベンチ入りする全選手がユニフォームを用意しなければならないのである．すなわち，新たなチームが誕生することは，一つの新しいユニフォームが誕生することを意味しているのである．そして，このユニフォームはチームのシンボルとなって，チームの戦いの歴史を刻むことになるのである．

　誕生まもないわがチームでは，このユニフォームをめぐって右往左往しているのが現状である．40歳以上の壮年チームでは，それぞれの職場で責任ある立場の人が多い．したがって，大会当日

の出場メンバーを揃えることもひと苦労である．同色・同意匠のユニフォームを着用した9人が揃うことは容易ではないのである．

● ユニフォーム姿では禁煙

東京理科大学ソフトボール部では，創部以来，"ユニフォーム姿では禁煙"を合言葉にしてきた．これは，全国大会出場，そして全国制覇を目指すチームとしての基本的な心構えをお互いに確認することがねらいであった．そして，タバコの吸い殻をグラウンドへ投げ捨てることは，社会の常識として慎むべきであると考えたからである．

しかし，社会人の公式試合での喫煙はよく見られる光景である．グラウンドへの吸い殻の投げ捨ては，大学男子チームでもよく見られる．わが壮年チームでも初期の段階ではそうであった．チームをつくったばかりの頃は，考え悩んだけれども注意できなかったからである．"ユニフォーム姿では禁煙"とまでいかなくても，"試合中は禁煙"を，全国津々浦々の公式試合での合言葉にできないものであろうか．これは，決して難しいことではない．大会の競技上の注意事項として明記し，代表者会議の席上で各チームの責任者に徹底すれば済むことであると思う．

ちなみに，国際ソフトボール連盟（ISF）が定める「世界選手権のためのテクニカルコード及び大会要項」の中には，次のように記されている．銘記しておきたい．

「ユニフォームを着用した選手，コーチ，監督以外はグラウンドに立ち入ることは許されない．グラウンド上及びダッグアウトでは常に禁煙とする．」

2－4　選手登録

● 登録番号は背番号

　「日本ソフトボール協会チーム登録規定」には，登録の種別が明記された後，その第3条に次のように記されている．
　登録は25名以内とし，登録番号を背番号とする．ただし，主将は10番，監督は30番，コーチは31番と32番とし，監督・コーチが選手を兼ねる場合は，それぞれ監督・コーチの背番号で登録する．なお，選手，監督，コーチの登録には次の規制を設ける．
　　1．選手の登録は一人1チームとし，二重登録を認めない．
　　2．監督・コーチの登録も一人1チームとし，二重登録を認めない．ただし，中学，高校，大学に限り，同一校内チームの監督，コーチを兼ねることが許される．
　　3．監督，コーチ，選手は自分のチームを除き種別の違う1チームに限り身分をかえて登録することができる．
（以下，4，5は省略．）
　このように，選手登録は背番号を意味し，25名以内と定められている．そして，登録番号は，1から25番．そして30番（監督），31番・32番（コーチ）があり，監督・コーチが選手を兼ねる場合には，1番から25番の間に欠番ができることになる．
　そして，チーム登録は，年度当初に各都道府県支部（ソフトボール協会）を経由して行われる．また，高校と大学のチームに限り，年度当初の登録とは別に8月21日から9月20までの期間，変更が認められることになっている．

● 選手登録雑感

さて,この選手登録にまつわる事件は多い.私が知る範囲でも,全国大会の代表者会議の席上,大会出場メンバーとしてプログラムに掲載されている選手が,この日本ソフトボール協会への登録が不備であったために,出場が認められなかったことがある.また,同一チームが同一の期日に,メンバーを二つに分けて両方の大会に出場したという例もある.

前者の場合,主催連盟事務局が,事前に出場メンバーと登録メンバーを照合すれば全く問題ないことである.あるいは,出場各チームに対して,文書で一言注意を促せば事前に処理できたはずである.

後者の場合,これは私には信じられない事例である.前述の登録規定第3条の5には,「監督を欠いて試合を行うことはできない.もし,監督が事故等で出場できない場合は,その試合の登録者の中から監督代理者を選ばなければならない」とある.この条文は,いずれのチームも監督(あるいは代理者)を欠いて試合はできないことを明記しているのであり,同一チームの同一期日の試合では,二人の監督が存在していることになるからである.登録規定が変更されない限り,絶対にあってはならない問題である.

数年前,千葉県ソフトボール協会が主管で全日本大学ソフトボール選手権大会が開催されたとき,私は大会事務局の一員として大会運営にかかわったことがある.その際には,出場全チームに対して,各都道府県協会へ提出したチーム登録のコピーの提出を義務づけ,事前確認をしたことがある.代表者会議の席上,大会出場メンバーの確認に要した時間はジャスト5分間であった.

2 — 5　大会参加

● 大会に参加すること

　わが壮年ソフトボールチーム「ドラゴンズ」が,「第18回茨城県お父さんソフトボール大会」に参加することになった．この大会は, 既婚の男子を対象としてAブロック（35歳以上）とBブロック（年齢制限なし）に分かれ, 県下の各市町村を代表するチームが出場する大会である．Aブロックは36チーム, Bブロックは37チームの参加であった．

　私たちが出場するAブロックの会場は, 県西のS町であったが, 9時からの開会式には, 全チームが参集して盛会であった．S町まで比較的近い県南のわがチームでさえ6時30分の集合, 出発であったから, それより遠方のチームは, まだ暗い"早朝"の出発であったに違いない．

　このような大会が, 回数を重ねて第18回を数えているところに, 国民的なスポーツとしてのソフトボールの魅力を痛感させられる．通俗的な表現をすれば, こんなに朝早くから,（私自身を含め）"おっさん"たちがグラブ・バットを持ってよくこれだけ集まってくるものだ, というのが正直な感懐であった．

　さて, 一つのチームが大会に参加することは, 決して容易なことではないのである．公式戦の場合には, 各チームは年度当初に各都道府県ソフトボール協会へのチーム登録を済ませていなければならない．そうすることによって, 県協会が主催, 後援する大会の要項が送付される．そして, 大会要項に基づいて, 出場申込書（チーム名簿）を事前に郵送するか代表者会議時に提出するこ

とになる．代表者会議は別名，監督・主将会議と称し，参加申し込みをしたチームは必ず出席しなければならない．組み合わせ抽選がここで行われる場合もある．

● 遠征バス雑感

　今大会での私たちの遠征は，チームの事務局担当者の手配によるマイクロバスであった．行きも帰りも小学校の遠足気分で和やかな車中であった．試合は，この大会10連覇を目指すO町のチームに完敗．普段の鍛え方の違いをいやというほど教えられた．しかし，壮年チームの模範的な在り方を学んだと思う．

　ところで，この遠征バスについて，私には忘れられない思い出がある．東京理科大学ソフトボール部の活動の中で，私は学生の対外的な責任者である部長やマネージャーに対して，いかにしたらより快適に，より安い経費で遠征や合宿ができるかを徹底的に研究し，考えるようにと語り続けてきた．「旅行代理店の仕事に負けるな」とも語ってきた．彼らは，私が予想し期待した以上の成果を上げてきたと思う．また，その経験を通して，自らを大きく成長させたと思う．

　しかし，ときにはこんな例もある．数年前，バスでの遠征方法を検討中の部長C君との研究室での対話．

　「先生，旅館のご主人に紹介していただいて，安い貸し切りバスを見つけました．昨日，その会社に行って交渉してきました．」

　「それはよかった．ところで，その会社のバスのナンバープレートは，何色だった？」

　「………わかりません．」

　私は，C君からその会社の電話番号を聞き，その場で電話をか

けた．そして，担当者に「失礼ですが，ナンバープレートの色は何色ですか？」と尋ねた．「白です」という返事を受け，丁重にお断りした．営業許可車はグリーンナンバーだから，バスで遠征するときは白ナンバーには注意した方がいいと，かつてある先生から助言してもらったことが役に立った．

2−6　スターティング・メンバー

● スターティング・メンバーを決める

　監督生活の中で最も考え続けてきたことは，今度の試合でのスターティング・メンバーをどうするかということである．大会参加申込書に記載されたベンチ入りメンバーは，誰もがスターティング・メンバーとして自分の名前が発表されることを望んでいる．試合に出場するために一生懸命練習に取り組んでいることを考えれば，それは当然のことである．

　監督になって数年後，監督の何たるかが少しわかってきたころから，私は，このスターティング・メンバーについて，365日，すなわち一年中考えるようになった．大袈裟な表現であるが本当である．車を運転中，電車の吊り革につかまりながら，コーヒーを飲みながら，打撃順・守備位置についてずいぶん考えた．

　普段の練習を観ることは，年々歳々少なくなってきたけれども，グラウンドに足を運んだときは，レギュラー当落線上の部員の一挙手一投足を，さりげなく，しかし真剣に観察し続けた．それは，監督の最も重要な任務は，レギュラー・メンバーを決定することにあると結論していたからである．

　こうして選ばれたスターティング・メンバーは，選んだ監督に対してというよりも，選ばれなかったメンバーのために，そして何よりも自らがソフトボールを楽しむために，ベストを尽くさなければならないと思う．試合当日に向けてベストコンディションをつくることは自分のため，チームのために当然であり，大切なことである．その心構えをもった選手がレギュラー・メンバーで

あるチームは，疑いなく強いと思う．

● 初めてのエース体験

　前述の壮年ソフトボールチーム「ドラゴンズ」を結成し，最初の公式戦に臨んだときのことである．私たちは十分なチーム練習をする時間もなく，県大会に参加することになった．エースピッチャーは私である．

　試合の3カ月前から，私は，車を運転するときはいつも人差し指の皮をハンドルでしごいた．風呂場にはトレーニングボールを置き，リストの強化にも努めた．朝，ふとんの中でのストレッチングも習慣化した．ピッチャーとして初めて公式戦に臨む不安との戦いであった．しかし，たった一つの試合が，自分の意識をこのように変化させるのかということが実感でき，楽しい気分も同居していたように思う．

　かつて私は，個人スポーツ・卓球の選手であった．全国レベルにはほど遠かったけれども，表彰状はけっこういただいた．そのときも，公式戦が近づくと徹底的に練習した．朝，授業開始前に約1時間の基本練習，夜7時に部活動の練習を終えると，市内の卓球場へ通った．帰宅は夜10時過ぎであった．

　私は，今，壮年ソフトボールチームを結成したことにより，あの青春時代が姿を変えて戻ってきたような気分を味わっている．そのドラゴンズのスターティング・メンバーは，主将の私と副将が原案を作り，監督と相談して決めることになっている．先日の大会では，ベンチ入り選手は14名．その日の試合は1試合のみ．しかも相手は強敵である．参集してきたメンバーは，みな休日をやりくりしてきている．何らかのかたちで全員に出番があること

が望ましい．結果は大敗したけれども全員が出場．それなりに楽しくプレーできたと思う．そして，私はエースピッチャーとして最後まで投げることができた喜びをしみじみと味わっていた．

2 — 7　エイト・イニング

　ここでは，試合終了後の打ち上げ（コンパ・慰労会）のことを，ゴルフの"ナインティーン・ホール"にならって"エイト・イニング"と呼びたい．

　東京理科大学ソフトボール部では，創部以来，公式戦に参加し，自チームの試合がすべて終了した後は，勝敗に関係なく「打ち上げコンパ」で盛り上がることを恒例としてきた．勝利の美酒に酔ったこともあれば，くやし涙の苦いお酒になったこともある．

　創部初期の頃，インカレ（全日本大学選手権大会）1回戦で敗退した後，芸達者なコーチに，「きょうは全員で徹底的に飲んで騒ごう」と提案した．最初のうちコンパは盛会であった．ところが，途中，エースピッチャーが自分の部屋にひきこもってしまった．彼の弁は「試合に負けてどんちゃん騒ぎをする気にはなれません．みんなにくやしさが見えません」である．もっともである．

　しかし，エイト・イニングは，試合に出場したメンバーのためだけにあるのではない．用具運びを担当し，ただ応援をするためだけに遠征を共にした仲間が多数いるのである．くやしさを内に秘めて，彼らの労をねぎらうこともまた大切なことである．また，他人を批判するのではなく，自分自身のくやしさを酒と涙で一緒に語ることが，ときにはあってもいいと思う．私の願いは，学生スポーツマンは，試合会場では勇気の徳を磨き，コンパの席上では礼節の徳を磨き，自らの人物としてのスケールをぐんぐん大きくしてほしいということである．

　スポーツの世界は，ある意味では，限られた時間と空間で行われる非日常的なものである．それ故に，終わった苦い結果は忘れ

るしかないのである．その場で忘れた方がいいのである．ただし，笑顔で飲み語っていても，自らの悔しさや反省を，次なる努力に転じさせる決意だけは忘れてはならない．

ところで，終わった試合の結果ばかりにこだわって，その敗因を自分の責任としてかぶることのできないレギュラーメンバーは，まだまだスケールが小さいのだと思う．試合に出場した選手，采配を振るった監督・コーチが敗因をかぶらなければ，そのチームの前進はないと思う．

● **おっさんチームの海外遠征**

さて，ドラゴンズのエイト・イニングについても記しておきたい．若い頃，大病を経験したN氏は，「オレなんか，今，こうしてソフトボールができるだけで，もう嬉しくてしょうがない」と．含蓄のある言葉である．そして，考え方に余裕がある人間は強いと思う．

ところで，ドラゴンズのエイト・イニングの話題は"海外遠征"である．チームの目標が，全国大会出場であったり，また，日本一であったり，厳しい練習に取り組んでいるチームは多い．これもロマンである．しかし，スポーツの世界には，"勝利"とは別のロマンが満ちあふれているのではないだろうか．それが，ソフトボールを通しての国際交流，海外遠征である．

今，"無言の言語"であるスポーツが，市民スポーツレベルでも国際交流できる時代を迎えているのだと思う．田舎のおっさんチームが，海を越えてソフトボールを楽しむ，そんな時代の扉を開きたいと思う．

2－8　ストライク

● ストライクは球審が決める

　ストライクゾーンとは,「打者が打撃しようとするときの脇の下と膝頭の上部の間で, 本塁の上方空間をいう」(オフィシャル・ソフトボールルール8－1項).

　以上の定義に従って,"ストライク"と"ボール"を宣告する任務は球審が担っている. およそ野球型スポーツは, この判定いかんによって, 勝敗の行方は大きく変わるものである. いわば1球の"ストライク""ボール"の宣告が, 勝者と敗者を逆転させてしまうほどの迫力をもっている. それ故に, 審判員の自己研鑽が絶えず求められるのである.

　「あの1球が"ストライク"であったら試合は勝っていたのに」とか「あの1球が"ボール"だったら四球で, 次が4番打者だったのに」というような経験は, どのチームにもあると思う. 2時間近く戦ってきた試合が, その1球の判定で決まってしまうのである. 同様に, その1球の判定によって全国大会出場が左右されるのである. そして, その1球はたったの1球ではなく, 一つの試合の中には何球もあることが野球型スポーツをよりドラマチックにしている.

　もう一つ重要なことは, その"ストライク""ボール"は, 球審が決めるということである. そして, "球審は人間である"というごく当たり前の事実が, 人間関係論としてのさまざまなドラマを誕生させることになる. もし, 球審が機械であったら, 試合は無味乾燥なものになるかもしれない. したがって, 1球の判定

に対する投手や捕手の感情表現は，ある意味では，人物のスケールをも考えさせられるものである．

● ストレートの四球

壮年県大会での私の体験である．私は，27歳のときにウインドミル投法に本格的に取り組み，体育実技授業やクラブの紅白戦で投手を務め，制球力にはかなり自信があった．壮年チーム「ドラゴンズ」を結成してからも，四球はほとんどなかったと思う．

ところが，ある県大会で私は初めて"ストレートの四球"を出した．最初の1球．アウトコースのベルトの高さに見事な"ストライク"が決まったと思った．ところが判定は"ボール"．その瞬間，捕手のSさんは，飛び上がらんばかりに振り返って球審に対峙し，烈火のごとく怒った．Sさんは，東都大学リーグのK大学野球部OB，その後，社会人野球でも活躍された実に温厚なスポーツマンである．そのSさんが本気で怒ったのである．

私はプレートを離れ，Sさんと向かい合い，「Sさん，球審の判定は絶対ですから仕方ないですよ．冷静にいきましょう」と語ったと思う．2球目．同じコース，同じ高さに決まったと思う．判定は"ボール"．Sさんは一瞬振り向いただけである．3球目．これも同じところに決まったと思う．判定は"ボール"．Sさんが一生懸命自分の心を抑えている．その気持ちがビンビン私に伝わってくる．4球目，これはやや高めの"ボール"．ストレートの四球．

この間，私の心の中では，いろいろな感情が動いている．そして，1球ごとに球審の"ボール"の宣告が大きな響きとなって伝わってくる．しかし，不思議なことに私自身には判定に対する怒

りはなかった．それは，1球目の"ボール"に対してのＳさんの姿が，私の心をコントロールしてくれたのだと思う．

　私たちが勝利して試合は終了した．私はゆっくり歩いて球審の方へ向かった．いつものように一言お礼を述べるためである．その時である．1塁塁審が素早く駆け寄ってこられた．私が球審に向かって何か言おうとしていると感じられたのだと思う．そして，私より先に，「Ｋさん（球審）．1塁から見てたけど，さっきのあれは入っているよ．僕からはそう見えたな．……だけど，最初が"ボール"だから，後のも全部"ボール"．Ｋさんは正しいよ」と．そして，私に対しては，「だけど，あんたもたいしたもんだ．いいコントロールしてるね」と語りかけてくれたのである．

　私は，球審の方に一言お礼を申し上げ，皮肉ではなく，「公式戦では久しぶりの四球でした．いい勉強させてもらいました」と結んだ．やはり生意気な一言であったかもしれない．球審の方は終始無言であったが，会釈で応えて下さった．

　この大会で，私たちは第3位に入賞した．3位決定戦でのＳさんのレフトオーバー同点ホームランは見事であった．

2-9 アピールプレー

● 触塁確認

アピールプレーとは，審判員が監督または選手に要求されるまでは，判定を下すことができないプレーをいう．アピールプレーが生じるのは，次のケースである．

① 打順の誤りがあったとき
② 打者走者または走者が進塁または帰塁するとき塁に触れなかったとき
③ タッチアップが早すぎたとき
④ 打者走者が1塁を通過した後，2塁へ向かおうとしたとき
（オフィシャル・ソフトボールルール11—10項）

このようなルールがあることによって，ソフトボールの野手の任務は，ボールを処理するために動くだけでなく，走者の触塁をしっかり確認することも大切となる．この触塁確認は，レベルの高いチームほど，当たり前のこととして身についているように思う．

そして，このルールは，コーチャーズボックスに入っている監督・コーチ・選手にとっても，逆の意味で重要な任務を与えることになる．普段，あまり長打に縁がない選手がランニングホームランを打った場合など，コーチャーが，「ナイスバッティング．しっかりベースを踏んでいけ」などと声をかけることは，審判員に対して，しっかりベースを踏んでいることを意識づける意味からも大切である．

ところで，審判員が人間である以上，公平であることを常に戒

めていても，ケースバイケースによって判定をゆるやかにしてしまうこともあるものである．私自身の体育実技授業における審判体験からも明らかである．授業のソフトボールでは，毎年，チーム力が拮抗するようにチーム編成することを心がけている．しかし，どのような方法でチーム編成したとしても，連勝，連敗と極端になる場合も多い．そして，審判はいつのまにか弱者に有利となる判定をすることが多くなる．しかし，それは強いチームの弱いチームへの"思いやり"に支えられて，暗黙の了解事項となっている．

　一方，全国大会出場がかかった公式戦では，高い審判技術を有した公認審判員が配置されるが故に，当然のごとく公平の原則は貫かれていると思う．しかし，準公式戦のような試合においては，審判経験浅い審判員が担当であった場合，"相殺行為（そうさい）"のような判定を受けることはよくあることである．

　アピールプレーは，審判員は勿論のこと，選手や監督・コーチがそのルールを熟知していないと，また，実際の試合の中で，アピールプレーの状況を的確に把握していないと，思いがけない事件が起こったりする．以下に，私が経験した大事件を記しておきたい．

● **ホームラン取り消し事件**

　長い監督生活の中で，このアピールプレーによって，ホームランが取り消されてしまったことを一度だけ経験している．その当事者であるＦ君は，その時のことを，『東京理科大学ソフトボール部創部10周年記念誌』の中で次のように記している．

　「スリー・ツーからの6球目は外角高めのストレートだった．

自分のバッティングでは，このコースは引っ掛けてサードゴロかショートゴロになってしまうことが多かったのだが，この時ばかりはうまく右方向へはじき返すことができた．打球はややスライスぎみに右中間へ飛んでいき，センターの差し出すグラブの横を抜けていった．

　2塁を回り，3塁ベースの手前に来たとき，"ベースしっかり踏めよ"という3塁コーチャーズボックスの丸山先生の声が聞こえた．私はその指示に素直に従い，意識的に3塁ベースの中央を踏んでホームを駆け抜けていった．（中略）

　4回裏，2死3塁．2対5で負けていたので，この一打で1点差となるはずであったが，ここで信じられないことが起こっていた．ベンチの手荒い祝福を受け，私がスポーツドリンクのボトルに手を掛けたとき，ベンチに引きあげていく相手のNチームの選手の姿が視界に入った．

　"あれ？　もうチェンジか"と，次のバッターが初球を打ってアウトになったのかと一瞬思ったが，それにしてはどうも早過ぎる．変だなと思いグラウンドの方を向くと，丸山先生が3塁の塁審に何か大声で言っていた．"しっかり踏んだじゃないですか！"と，この一言で私は何が起こったのか理解できた．（アピールプレーによって）ホームランが取り消されているのである．

　私は愕然（がくぜん）とした．丸山先生の猛烈な抗議が始まっていた．"本当に見てたんですか！""ランナーの触塁を確認するのが，ここに立っている私の責務なんだ！""私はしっかりこの目で見たんですよ"．丸山先生は目をつり上げ，顔を紅潮させ，帽子を地面にたたきつけた．激怒した丸山先生はそれまでに何度か見たことはあったが，こんなにエキサイトしている姿は初めてである．そ

の審判員も圧倒され，顔が引きつっていた．

　抗議はしばらく続いた．そして，とうとう土下座し，審判員に向かって頭を下げた．"頼むから踏んだと言って下さい"．審判員がミスジャッジと認め判定を訂正してくれることを私は期待したが，審判員の口から出たのは，無情にも"アウト"の一言だった．"わかりました"．丸山先生はこみ上げてくる怒りを押し殺すようにして，そう言うとベンチへ下がっていった．(後略)」

　手前みそであるけれども，この『10周年記念誌』は，卒業生と現役部員の共同作業であり266ページからなる大作である．当部にかかわったすべてのメンバーが寄稿している．その中の一人の部員が，心に残る事件として本誌の中で取り上げてくれたことが嬉しかった．

● 相　殺

　さて，この事件には前後談がある．この日の試合は，県社会人リーグ戦．私たちにとっては準公式戦の意味をもつ大切な試合であった．当日，会場に到着し試合開始時間が近づいても，何かの連絡ミスで審判員の方々がそろわなかった．最後に遅れて到着した審判員の方は，急に呼び出されて駆けつけてきたように見えた．若い方で審判経験も少ないように思われた．

　審判員の方々の打ち合わせの後，第1試合は，その若い方が球審を務めることになった．先輩審判員の助言を素直に聞いている姿が，私には印象的であった．試合が始まり，私たちの攻撃のとき本塁上のクロスプレーがあった．3塁コーチャーズボックスにいた私は，正直なところ"アウト"かと思った．しかし，判定は"セーフ"であった．相手チームから月並みな抗議はあったけれ

ども，すぐに引き下がり試合はスムーズに進行した．私には，彼らが球審の力量を理解し，温かい態度で球審に接しているように思われた．塁の空過に対するアピールプレーは，そのすぐ後に起こった．3塁塁審は，若い球審にさりげなく助言を与え続けている先輩審判員であった．

　その年度の終わりに，連盟の理事会と懇親会があった．その席上，Nチームの監督さんと親しくお話しする機会があった．そして，上記のアピールプレーが話題になったとき，「うちの3塁手も，彼はベースを踏んでいたと言っていましたよ」というコメントがあった．私は，「あれは3塁手の冷静な状況判断が立派だと思います．うちのベンチはみな興奮状態でしたから」と答え，前述の若い球審と3塁塁審の様子について触れながら，「でも，相殺だけはよくありません」と述べた．

　しかし，思いがけずに起こった"大事件"は，人と人との心の距離を縮めてくれることも，確かなことのようである．

2—10　ファウルボール

● **ファウルチップ**

　当たり前のことであるが，打球がフェアボールである以外はファウルボールである．

　ところで，バットスイングしてチップした打球が，直線的に捕手のミット（グラブ）または手に最初に触れて地面に着く前に捕手により正しく捕らえられた場合は"ファウルチップ"である．このファウルチップはストライクであり，ボールインプレーである．そして，捕手がこれを捕球できないときは，ファウルボールとなる．

　この"ファウルチップ"について間違いやすいことは，「バットにチップした打球が，直線的に捕手のミット（グラブ）・手に最初に触れて……」という部分である．オフィシャル・ソフトボールルール11—14項では，「"正しい捕球（完全捕球）"とは，野手が手かグラブ・ミットで打球または送球をしっかり捕球すること（しっかり捕球することを確捕するともいう）」と定義されている．そして，「確捕する前にジャッグルしても，他の野手に触れていても，地面に触れる前に捕球したとき」は完全捕球であることが明記されている．ところが，バットにチップした打球については，最初にミット（グラブ）・手に触れて捕球しなければ，完全捕球とはならない．したがって，最初にマスクや胸などに触れた場合は，その後捕球しても，ファウルチップ（ストライク）にはならず，ファウルボールとなる．

● ファウルラインが判定基準

　フェアボールとファウルボールの判定は，ファウルラインを基準にしてなされる．ライン上はフェアであるから，少しでもボールがファウルラインにかかればフェアボールとなる．したがって，フェアとファウルの判定は1本のラインのみが基準であるが故に一見簡単そうに見える．ところが，ボールとストライク，アウトとセーフと同様に，試合を左右するいろいろな問題を引き起こすのが，このフェアとファウルの判定である．とりわけ，この1本のラインは，試合の途中で雨が降ってきたときや強風のときなど，審判員からはっきり見えにくい状況ではその判定が困難になることも多いのである．

　ところで，このフェアとファウル，ボールとストライク，アウトとセーフは，審判員によってひとたび判定が下されたならば，両軍とも抗議することはできない事項となっている．そして，オフィシャル・ソフトボールルール13―1項の注記には，「判定内容についてチームは説明を求めることはできないし，審判員はこれに応じてはならない」とも明記されている．ところが，かつて関東大会の女子の決勝戦で，この判定が覆されたシーンを見たことがある．一方の監督が，審判員を自軍に不利な判定となった打球が落ちた位置まで連れていき，ラインにボールの跡が残っていると主張したのである．審判員は，その主張を簡単に認めてしまった．詳述しないけれども，その結果は両軍の監督が審判員を間にして激しいやりとりをした後，放棄試合となった．一つの判定は，一つの人間関係を壊してしまうほどの重たい意味をもっているのだと思う．

● ファウルボールの迫力

　別の視点からファウルボールについて考えてみたい．

　打者にとって，一つのファウルボールは，一つのストライクを意味している．しかし，ファーストピッチ・ルールでは，第2ストライクの後，ファウルを何本打ち続けてもアウトにはならない（スローピッチでは第3ストライクアウトとなる．その理由は，意識的に容易にファウルを打ち続けることができるからである）．このような場合，ねばっている打者に対して，攻撃側の他の選手は，「タイミングが合ってきているぞ」などと声をかけて激励するのが常である．

　ところで，私は，3塁コーチャーズボックスにいて，第2ストライクからのファウルボールは，いつも「しめた！」と思ったものである．その理由は，バックネット後方やプレーイングフィールド境界線の外に打たれたファウルボールでは，通常，ボールチェンジが行われるからである．一般的に試合では，同一メーカーのボールが2個使用される（勿論，雨天時などはこの限りではない）．ボールは白色であるが故に，試合の進行とともに，ボールキーパーが布きれで拭いていたとしても，その汚れに差が出るのは当然のことである．ましてグラウンドコンディションが不良である場合には，ボールの汚れの片寄りはより大きくなるものである．

　すなわち，使用球がチェンジされることは，無言のうちに投手にプレッシャーを与えることになる．勿論，一流投手にはボールチェンジは関係ないかもしれない．しかし，私の経験と観察では，そのときの"ボール"カウントが多いほど，とりわけ"3ボール

2ストライク"などの場合には,そこで使用球がチェンジされることは,投手の心理状態に微妙な変化をもたらすと思う.そして,私が「しめた!」と思った後,投手がはっきりとわかる"ボール"を投げ四球としてしまうことは,実際,多かったと思う.一つのファウルボールが試合の流れを変えるほどの意味をもつことは疑いなくある,と思う.

それ故に,私が自軍の投手に言い続けてきたことは,"いかなる状況でも軽々しく球審にボールチェンジを要求するな"ということである.投手がボールを気にしていると相手チームに思わせることは,マイナス要素が多いからである.したがって,普段の練習の中で,自分が投げているボールは"すべて同じボール"であると自覚することは,投手の心構えとして大切なことである.私自身,ファウルボールによるボールチェンジに伴う投手の様子を観察しながら,打者に対しては,"待て(打つな)"のサインをよく出したものである.そのサインがかなり高い確率で功を奏したことは言うまでもない.

2－11　離塁アウト

● 走塁練習

「離塁アウト」という単語は，オフィシャル・ソフトボールルールの中にはない．正確には「離塁違反によるアウト」である．オフィシャル・ソフトボールルール10－10項（走者がアウトとなる場合）の1（走者が自動的にアウトになる場合）には次のように記されている．

「走者が，正しい投球が投手の手から離れる前に占有する塁を離れたとき．
（ペナルティ）
　①ボールデット
　②無効投球
　③その走者はアウトとなる」

さて，当たり前のことではあるが，このルールは，塁審の判断によって一方的に走者に"アウト"が宣告されるというものである．塁間の距離が短いソフトボールでは，投手の手からボールが離れた瞬間に塁ベースを離れ，次の塁へいかに速く走るかは攻撃側の重要な課題となる．いかに正しく，素早く離塁するかは，勝敗の行方をも左右するのである．

したがって，私たちのチームでは，この走塁練習にはいつも力点を置いてきた．野球型スポーツの未経験者が多いわがチームでは，いわばスランプのない"走塁"の能力を高めることが，チーム強化の優先的な課題と考えてきたからである．

とりわけ，「離塁アウト」を宣告されることなく，素早いスタ

ートダッシュをするために,"目の動き"にこだわった練習に取り組んできた.通常の練習の中では,ウォーミングアップとしてのランニングでも数種類の塁間走をノルマとし,からだの協応能力を高めることを意図してきた.そして,練習の最後のメニューとしても3～4カ所にベースを置き,12往復の塁間走をノルマとしてきた.その際には,スタートの構えの姿勢では,投手を立たせシャドーピッチングをさせて,手からボールが離れる瞬間に素早くダッシュできるよう"目の動き"に注意してきた.

　この"目の動き"の反復練習は,一見単純なことの繰り返しと思われるけれども,走塁技術の向上には欠かせない要素である.そして,この反復練習に"目の動き"をつけて謙虚に取り組んでいる部員と,そうでない者とでは,実戦の中で大きな差ができてしまっている.何事も,一日一日の積み重ねは,半年後,1年後に,その質の違いが形となって現れてくるものであると思う.

● 離塁アウトを防ぐ

　長い監督生活の中で,一つの試合で「離塁アウト」を二つ宣告されたことが一度だけある.

　私が3塁コーチャーズボックスにいて,いつも心がけたことは,塁上の走者が「離塁アウト」を宣告されないための"言葉かけ"である.例えば,

「離塁,注意しろよ!」

「ベースは前足で踏んどけ.あわてるな!」

「毎日,あれだけ走塁練習しているんだ.走塁,ビシッといけ!」

「走塁練習だけは日本一だ.自信もっていけ!」

などである．これらの言葉かけは，走者に向かって語りかけているけれども，すべては，"軽々しく離塁アウトにしないで下さいよ"という審判員へのメッセージである．実際，わが部員たちは，この走塁練習だけは，質，量ともに，どこのチームにも負けない練習をしてきたと自負している．

さて，県社会人リーグ戦でのことである．試合の中盤，2死走者1・2塁．私はダブルスチールのサインを出した．捕手がボールを投げることができずに両者見事にセーフと思ったとき，2塁からスタートした走者に対して「離塁アウト」が宣告されていた．終盤，また2塁走者が同じ審判員から，その試合2個目の「離塁アウト」を宣告された．

いずれのケースも，アウトとなった走者は首をかしげてすごすごと帰ってきた．私自身はと言えば，一瞬，どう対応したらよいのかもわからず，心の動揺を隠すようにしてゆっくりベンチに戻ってきたように思う．そして，本音を言えば，2個目の宣告に対しては，審判員の方に不信感をもった．私自身も十分注意して選手を観察していたからである．加えて，チャンスが一瞬にして水の泡となるこのルールの空しさを，いやというほど実感した．

● 檄

その試合は勝利して終わった．試合終了と同時に，2個の「離塁アウト」を宣告されたことに対して，チームの今後のために何をしなければならないかを考え始めた．

ミーティングの席上，私はまず「離塁アウト」となった二人に，離塁がどうであったかを確認した．両者ともにルールに従ってしっかり離塁していると主張した．その上で，私の矛先は，最初に

アウトになったS君に向かった．

「S，君が自信をもって離塁をしたならば，なぜ，審判員に向かって怒らないんだ．ほんとうに信念をもって離塁をしているなら，この場合は怒っていい．涙をためてでも，感情をあらわにしてでも，怒っていいと思う．そうしていれば，2個目の離塁アウトはないはずだ．当事者の君しか，このケースでは審判員と戦えないんだ」である．勿論，S君がその戦いを挑んだときは，監督である私が間に入って，結果としては若者の失礼な言動を詫びることになることもつけ加えた．しかし，審判員はそのやりとりの中で，私たちの普段の練習の姿勢を理解してくれると思う．

私は，部員に対して，いついかなる状況でも，審判員の方々への無礼な態度は慎むように言い続けてきた．その気持ちは今も変わらない．スポーツの世界は，そこにかかわった人々すべての，寛容の精神に支えられてある，と考えるからである．

しかし，この「離塁アウト」についてだけは，いまだに釈然としないでいる．そして，走者は自分の信念において，審判員と戦わなければならないと思っている．

2—12 キャッチボール

● キャッチボールで負ける

　ソフトボールの守備は，キャッチボールに始まりキャッチボールで終わる，と言っても過言ではない．ボールを投げる人がいて，そのボールを捕る人がいる．この一見単純な動作の中に，実はさまざまなドラマが隠されている．

　山口県宇部市でのインカレ（全日本大学選手権大会）．東京理科大学は，1回戦をS大学（体育学部）に快勝し，2回戦では，前年度準優勝のF大学（体育学部中心のチーム）に善戦した．5回の表に2点を先取し，その裏にキャッチボールのミスで追いつかれる．延長8回の裏，2死後，四球とレフト前ヒットで1・2塁．次打者はショートゴロ，軽くさばいたと皆が思った瞬間，1塁への悪送球．一瞬にして試合終了，痛恨のサヨナラ負けであった．チームの試合記録に目を通すと，敗因がキャッチボールミスによる試合は実に多いのである．

● キャッチボール練習法

　それ故に，私たちのチームでは，普段の練習の中でキャッチボールにこだわってきた．決して難しい練習に取り組んでいるわけではない．ウォーミングアップ，ランニング，そして，塁間ダッシュの後，次の順序で行う．
　① 軽いキャッチボール（塁間よりも短い距離）
　② ゴロ・キャッチボール（一方がゴロを正面，左右に投げ分けて，ゴロ捕球者は素早く送球する．）

③ 後退して少し長い距離でのキャッチボール

④ 外野手のバックホームを想定して、全力で投げるキャッチボール（3～4球）

⑤ ライン・キャッチボール（3～4人1組で直線的に並び、ボールを素早くリレーする．）

⑥ ダイヤモンド・キャッチボール（本塁並びに各塁ベースの4カ所に分かれ，アトランダムに素早く転送する．最初は塁間の長さで行い，その後は，4カ所とも前方に出て距離を短くして行う．）

⑦ ウインドミル・キャッチボール（ソフトボール独特の投球方法であるウインドミル投法を毎回反復練習する．）

以上の練習は，きわめて単純なものである．しかし，実戦の中で実際に必要とされるキャッチボールの基本中の基本を，徹底的に反復練習することは，簡単なようで難しいものである．ゴロ捕球の構えの姿勢，遠くへコントロールよく投げるための体重移動，捕球後の素早い送球，リレープレー，カバープレー，連係プレー，そしてウインドミル投法まで，上記の練習には盛り込まれている．

● 心と心のキャッチボール

ところで，キャッチボールで最も大切なことは，両者が心と心のキャッチボールをしているかどうかということである．

私は，あるきっかけでキャッチボールを観察することのおもしろさを理解できるようになった．善いキャッチボール，悪いキッチボールかを見分けるチェック法を記してみたい．

例えば，ボールをグラブに当てて捕球ミスして後方に転がった場合．ある部員はまず全力でそのボールを追い責任をもって拾う．

そして，もしボールを拾ってくれた人がいたならば，お礼の会釈をしたりあいさつをしてボールを受け取る．このような一連の素早い対応がさりげなくできる部員は，疑いなく上達すると私は信じている．そこには，ソフトボールに取り組む姿勢の素晴らしさが投影されているからであり，人間的信頼をも感じさせられるからである．このような人物とキャッチボールをすると，なによりキャッチボールそのものが楽しくなる．

　一方，悪い例も多い．自分が捕球ミスしたことを，あたかも投げた相手が悪いようなそぶりを見せる．ミスしたボールを追う前に，相手をにらむようにしたり，ときには乱暴な言葉を投げかけることもある．そして，ボール拾いに向かうときも全力で走る意志はない．したがって，誰かが拾ってくれるのを待っていることも多い．さらに言うなら，このような部員は，ボールを拾ってもらってもまともにあいさつができない．また，その日の気分によって対応が違うことが多い．

　人は誰でも"思い上がり"の心をもっていると思う．それをキャッチボールを通して反省し，自らの人物としてのスケールを大きくすることを目指してほしいと願っている．私は，上記のことをめったに部員には語らない．普段の練習を通して自分で気づかなければ意味がないと考えるからである．

　キャッチボールは，その部員の小さい頃からの家庭教育の善し悪しをも教えてくれるのである．それほどの迫力をもっていると，私は信じている．レギュラーメンバーとして試合に出場できる部員は，キャッチボールの一球の重さを理解していなければならないのである．

● 鉄腕"稲尾投手"の思いやり

　近藤唯之氏は,『プロ野球監督列伝』(新潮文庫, 1984年) の中で, 野球殿堂入りしている往年の鉄腕投手・稲尾和久氏のキャッチボールについて, 次のような逸話を紹介している. 以下, 要約して記す.

　昭和30年, 稲尾氏は, 大分県立緑ケ丘高校野球部の捕手であった. ある日, 監督のＳ氏の大学時代の友人Ｅ氏 (プロ野球選手) が緑ケ丘高校のグラウンドを訪れる. そこでの会話.

　「おいＥよ. 実はエースが卒業して困っている. お前の目でこのグラウンドの中にいる者から, 次のエースになれそうな男を一人選んでほしい.」

　Ｅは返事もせず, 30分も棒のように立ちつくした. それからＳ監督に答えた.

　「なあＳ, 投手陣ではモノになりそうなヤツ, いないな.」

　「………」

　「そのかわり, お前さえ決断がつけば, 掘り出しものが一人いる.」

　「………」

　「あのノッポの捕手だ.」

　「捕手？」

　「そう捕手, 右腕の振りさえ大きくすれば, 腰の回転, 肩の筋肉は天才だ.」

　この捕手こそ, 3年生稲尾和久であった. そして, Ｓ監督は重ねて質問した.

　「Ｅ, あの捕手はエースになれるか.」

「Sよ，よく見てみろ．投手に返球するとき，あの男は投手の左乳の位置に，百発百中投げ返している．これはコントロールだけの問題ではない．あの男が投手に思いやりをもって，返球しているということなんだ．おれは投手だからよくわかる．天才的な肩に思いやり……，あの男，九州一のエースになるかもしれない．」

かくしてS監督は，その日のうちに稲尾捕手を投手に転向させたのである．そして，その後，稲尾投手がプロ野球界の伝説的な大投手になったことは言うまでもない．

この逸話は，まさにキャッチボールの本質的な意味を教えてくれるのである．心と心のキャッチボールをするためには，相手の立場に立って投げる思いやりの気持ちがなにより大切である．私自身，反省することは実に多い．

2—13 デッドボール

● デッドボール

　投手の投げたボールが打者のからだの一部に触れたとき，"デッドボール"が宣告される．オフィシャル・ソフトボールルールには，デッドボール（死球）について，次のように記されている．
（1）次のような場合は「死球」が適用される．
　①　打者が投球を打とうとしないで，明らかに避けようとしたとき．
　②　投球の性質上，避けることができなかったとき（投球が地面にバウンドしたものでも「死球」が適用される）．
（2）次のような場合は「死球」は適用されない．
　①　投球がストライクゾーンで打者に触れたとき．
　②　打者が投球を避けないで触れたとき．
　③　打者席の線外に片足の一部でも出していたとき．
（オフィシャル・ソフトボールルール9—8項）

　周知のように，デッドボールは打者に対して1個の安全進塁権が与えられる．したがって，このデッドボールは投手にとっても"いたい"ものである．それ故にいろいろなドラマが生まれる．

　ところで，ボールが打者に当たり危険球とみなされる場合には，投手は帽子を取って素直に頭を下げるのが通例である．投手はあやまらなければならないのである．一方，打者が投球を避けようとしなかったり，わざと足を出して当たりにくる場合には，投手の感情は複雑となる．

　私は，いかなる状況でも，主審によって"デッドボール"が宣

告されたならば，投手は丁重に詫びるべきであると指導してきた．その理由は，打者にデッドボールを投げることは失礼な行為であるからである．当たりどころが悪ければ後遺症が残る大けがになることを肝に銘じておかなければならない．投手には，強い闘争心とともに謙虚さが不可欠であると思う．

● **フリーバッティング**

　フリーバッティング時のデッドボールは，チームの人間力の診断に役立つものである．

　例えば，下級生が投手を務め，上級生が打席に入っている場合，その投手が打者にボールを当てれば，すぐに「すいません」と丁寧にあやまる言葉が聞こえる．逆に，上級生が投げ，下級生が打っている場合，デッドボールに対する両者のやりとりはさまざまである．「ごめん，ごめん」とあやまる場合が一般的であるが，ときには"それくらい避けろよ"というそぶりをしたり，デッドボールを連発した自分へのふがいなさから，相手に一言あやまることを忘れてしまう上級生もいたりする．

　私が，監督の立場で最も"困った"と思った状況は，上級生がデッドボールを下級生に与え，あやまることなく「コールドスプレーやっとけ」と声をかけ，その下級生がすごすごとコールドスプレーに向かう姿を見たときである．そこには，フリーバッティングではあっても，投手が一球一球を一生懸命心を込めて投げ，打者が闘志をもって投手に向かっている雰囲気はないからである．

　この場合，投手には何の思いやりもない．それ以上に情けないことは，打者に打席内での集中力や迫力が全く感じられないことである．上級生であろうと，その投手を平然と見つめ，軽率なデ

ッドボールが失礼であることをしっかりと教えるべきである．

● ソフトボール大会

　毎年，大学のスポーツ大会や体育祭では，ソフトボール大会が行われる．ここ数年，私は教職員チームの投手を務めている．競技場を多数設営し，一面8チームでのトーナメントが行われる．

　私は，学生チームに負けてはならないと決意し，遠慮なく速球を投げる．ただし，明らかに野球・ソフトボールの経験者でしかも技量が高い学生を除いて，ウイニングショットに速球を投げることはしない．チェンジアップを使うことにより三振を奪ったり凡打させることが，その場の雰囲気を和やかにするからである．

　この試合で私が厳しく戒めていることは，絶対にデッドボールを出さないということである．今のところゼロである．そのために，試合前や間のウォーミングアップは，他のいかなる試合よりも入念に行う．スパイクが禁止されているため一球一球心を落ち着けて丁寧に投げることを心がけている．このようなレクリエーション大会では，ウインドミル投手が投げる速球のデッドボールは，参加者をしらけさせ場の雰囲気を悪くするからである．

　いずれにしても，デッドボールは，人間関係まで"デッド"にしてはならない．肝に銘じておきたい．

2−14 （心）構え

●"心構え"が変わる

　新春．発足したばかりのＪリーグ・チェアマン，川淵三郎氏にお会いする機会があった．というよりも，私が編集委員長を務める雑誌（某会の機関誌）の巻頭対談のゲストとしてお願いしたところ，快くご承引いただき取材に伺ったからである．

　その対談の中で最も印象に残ったことは，川淵チェアマンが，プロサッカー・Ｊリーグが順調にスタートした理由の一つとして，"選手の意識改革"を挙げたことである．次のように述べている．

　「スポーツは，体力・技術・戦術・精神力と四つの要素がありますね．そのうち，体力・技術・戦術というのは，きょう明日すぐにうまくなるわけではない．どうしても時間がかかる．ところが，精神力は時間じゃないんですね．これだけは変わる，といういい例だと思いますよ．そんなに人間はバカにしたものではないと．

　今まで，企業内スポーツで守られて，予算の範囲内で，たとえお客さんが１人も入らなくても，そして感動を与えるいい試合をしなくても，予算内のお金はもらえたわけです．今度はプロになって，"この仕事しかない．クビになったら大変だ．試合に出て，勝たなければお金はもらえない"という環境を与えると，人間というのはコロッと変わるものなんですね．」

　そして，日々の練習一つ取り上げても，"やらされている"という感じでやっていたことが，Ｊリーグの選手になったことによって，取り組む姿勢，心構えが大きく変わったことを強調されて

いるのである．

　いかなる社会でも，一人ひとりの人間が，"その気"になって"やる気"をもつことが，組織や集団を活性化させ，より良く変化させる近道であるように思う．

● ある受講生の（心）構え

　この1年間，体育実技「ソフトボール」の授業では，6コマを担当し合計30チームを編成した．通常，それぞれのチームのモラール（生産性）の善し悪しは，主将や副将のリーダーシップによるところが大きい．とりわけ，運動系サークルに所属している受講生が，授業としてのソフトボールを甘く見ることなく真剣に取り組むと，素晴らしいリーダーシップ，フォロアーシップが発揮される．それぞれのチームの成長と充実を1年間かけて観察し続けることは，私にとってはとても有意義であり，楽しいことである．

　さて，6チーム編成でリーグ戦を行っている1年生のクラスのことである．その日，私は各チームの外野手の構えや動きを重点的に観察することを決め，3面のグラウンドをさりげなく見て回った．そして，全試合が終了し受講生が集合したところで，次のような話をした．

　「きょうの試合では，外野手の守備の構えを重点的に観察させてもらった．私がこの目で見ることができた範囲でのことだけれども，投手が投げる瞬間にいつも膝を曲げて腰を落として構えていた人は3名であった．その中でただ一人，膝からグラブを離し，素早いスタートダッシュができる構えをとっていたのは，G君だけであったように思う．実際，打球を追うG君の動きも素晴らし

かった.

　あり得ないことだけれども, もし私が会社の人事部長であって, 20数名の応募者の中から一人だけ採用するとしたら, 迷わずにG君を採用する. 物事に取り組む（心）構えを信頼できるからである. グラウンドの授業には, こんな視点があっていいと思う」と.

　このメッセージは, 受講生に対して, ソフトボールを楽しむことには上限がないことを伝えようとしている. 野球やソフトボールの経験者でなくとも, ベストプレーを心がける気持ちがあれば, それは姿, 形となって表されるものである. 受講生一人ひとりがそのような心構えをもって授業の試合に臨むなら, 最高に楽しい雰囲気が醸し出されるのだと思う.

　ところで, この事例を, 昨年の暮れにある酒席で語ったことがある. いきがって語ったのだと思う. 私の熱弁（？）を最後まで聞いて下さった人生経験深い先輩のM氏が一言.「だけど, それは先生が悪いのでしょう. 腰を落として構える学生が3名しかいなかったということは」と. 私は, ただ「おっしゃる通りです」と申し上げるのみであった. 厳しいご指摘であった.

　ただし, 決して反論するわけではないが, 私が意図していることは, 1年間を通して各チームが"自浄能力"を徐々に高めていくような授業運営をしたいということである. 構えの姿勢を教員に注意されて直すのではなく, チームメイトがお互いに注意し合って試合に臨む心構えを向上させるような人間関係が育ってほしいのである. 勿論, その根源的な動機づけは教員が担っていることになる. 私自身が謙虚に反省し, 努力しなければならないと思っている.

2―15 レギュラーの心構え

● 構えの姿勢

スポーツの世界では，その心構えがプレーの"構えの姿勢"に反映される．前述したように，守備者が投球に合わせて"構えの姿勢"をしっかりとることは，集中してボールを見るためにも，そして，ボールに向かって素早くスタートダッシュを切るためにも大切である．

そのためには，守備姿勢は，ボールをしっかり見ることができる安定した"構え"であって，かつ素早く動きやすい"構え"でなければならない．このような"構えの姿勢"は，普段の練習の中で培われるものである．

● タイムリーな言葉かけ

ところで，試合中，スターティングメンバーとして出場できなかったベンチのメンバーにも，いろいろな心構えがあることを考えさせられる．

ベンチにいても試合に集中している者は，自軍の選手に対してタイムリーな言葉かけができるものである．そして，このような選手が多いほど，監督はベンチに黙ってドカッと座っているだけでいいのかもしれない．加えて，試合に集中してその流れを自分の肌で感じている者は，自分の出番を監督に伝えるかのように，自主的に素振りやキャッチボールを開始するものである．しかし，実際のところは，出場している上級生に余分な気づかいをして，監督やコーチが，「〇〇，バット振っとけ」などと指示するまで

動かないことが多い．

　それ故に，監督は全部員に対して，試合はベンチ入りメンバーの全員で戦うものであること，部員一人ひとりに役割があることを伝えておかなければならない．さらに，自分が試合に出場したいと願うならば，遠慮なく自己主張することが，本人にもチームにも大切なことであることを徹底しておかなければならない．

　長い間，体育実技「ソフトボール」の授業を担当し，そこでは受講生全員がより楽しく試合ができることを考え続けてきた．一方，ソフトボール部の監督としては，いかにしてチームを勝利に導くかばかりを考えてきた．したがって，レギュラーメンバーをどのように選ぶかということは一生懸命考え続けてきた．しかし，当然のことながら，二軍の選手の出場機会はかなり限られるのである．

　この対比は，あらゆるスポーツに当てはまることである．そして，レギュラーを選ぶことは，選ばれない選手がいることを意味しているが故に，その選ぶ権限を有する監督の大きな責任論が介在してくるのである．そして，監督が"レギュラーの心構え"をどのように考えているかということは，チームにとっては最も大切な問題となる．以下に，私が監督を退任するに際して，現役部員とOBを結ぶ『部内報』に寄せた「レギュラーの心構え」と題する拙文を記したい．

● 「レギュラーの心構え」

　勝負の世界は厳しい．目標が高ければ高いほど，"楽しさ"は遠いところにある．しかし，真の厳しさを乗り越えて"楽しさ"が見えてきたとき，疑いなくチーム力は向上する．そして，そこ

にかかわった若者の顔つき，目つきは変わる．

"ソフトボール部は，真に強い人間をつくる集団であってほしい"．私が16年間，チームづくりの信念としてきたことである．自分がまだまだ弱い人間だから，人間の強さとは何かを絶えず考え続けたかったから，このことにこだわってきたのかもしれない．『練習開始時間を守る』『無断欠席をしない』『約束を守る』ということは，自らが自律し，自立するために，極めて大切なことである．しかし，"単位認定"とは全く関係ない部活動では，この当たり前のことが難しいのである．

ところで，私は，「レギュラーの心構え」という言葉にかなりこだわってきた．それは，レギュラーは，対外試合では常に"ソフトボール"を楽しむことができるからである．"失敗"を経験できるからである．"挽回"することの大切さを身をもって知ることができるからである．一方，試合に出場できないメンバーは，お金を使って遠征に参加しても，その経験は一切できないのである．したがって，レギュラーには，ベストを尽くして戦ってチームを勝利に導こうとする強い意志が不可欠である．敗戦の責任は，疑いなくレギュラー一人ひとりにある．そして，そのレギュラーを選んだ監督にある．

どのような社会でも，このことは通用することである．「レギュラーの心構え」をもった社員が多ければ多いほど，その会社の業績は高く，社風は爽やかである．

部員一人ひとりが"謙虚な姿勢"をもってレギュラーを目指し，レギュラー一人ひとりが，より高次な"謙虚な姿勢"をもって努力する．このことが，理大ソフトボール部のよりよい伝統であってほしいと思う．(『理窓ソフトボール通信』1993年夏号，参照)

いかなるチームも，そのチームの伝統は，そのチームの勝敗の決定権を担うレギュラーの"心構え"をして築き上げられるものであることを銘記しておきたい．

2−16　ノック

● **ノックバット**

　ノックは，守備練習の基本である．かつて"1000本ノック"などという言葉があったように，誰にでもこのノックにかかわる苦しかった思い出があるだろうと思う．一方，ノックは，ノッカーと守備者の心をつなぐ楽しい練習でもある．ノッカーと守備者の言葉のやりとり，あるいは周りで見ている者のかけ声（声援）が，練習をリズミカルにして，楽しい雰囲気を醸し出すからである．

　私自身，長い間ノッカーを務めてきた．そして，ノックすることの難しさについて，ずいぶん考えさせられてきた．その練習が有意義かつ楽しいものになるか否かは，すべてノッカーの力量にかかっているからである．

　ノックを通して守備者の能力を引き出すためには，打球の強弱やコース，ボールの回転等々，こまやかな配慮が大切となる．ノッカーは，守備者個々の技量を正しく把握した上で，今何を強化するのかという目的意識をもっていなければならない．監督に就任したばかりの頃は，そんな当たり前のこともよくわかっていなかった．否，ある程度わかっていても，私のノック技術が伴わなかった．

　ノックバットを持つことには，やはりあこがれがあった．しかし，私は試合用のバットのみ使った．その理由は単純である．自分のノックの未熟さを，ノックバットを使わないことで少しでもカバーしたいと思ったからである．試合用のバットを使うことが，より実戦的な打球になると考えたのである．結局，このこだわり

は最後までもち続けた．16年間の監督生活で，ノックバットを使ったことは一度もなかった．

● ボールキーパーのボール渡し

　ノックに関して，もう一つこだわり続けたことがある．それは，ボールキーパーのノッカーへのボール渡しである．よく見かけることであるが，練習中，ノッカーが自分の背後に手を差し出し，ボールキーパーがその手の平にボールをのせている光景がある．この方法は，ノッカーが守備者に全神経を集中させ，次から次へと素早くノックするために有効なのだろうか．

　私は，この方法についてはかなり抵抗があった．異論を唱えたい．ノッカーはボールキーパーと向かい合い，一瞬お互いに目を合わせて，あうんの呼吸でボールを正面で受け取ることが望ましいと考えてきた．何より危険がないのである．また，ノッカーは，一球のボールを大切に扱う前に，その練習をボールキーパーとなって支えている"人間"を大切にしなければならない．ノッカーは"ノックマシーン"ではないのであり，また，キーパーを"ボール渡しマシーン"としてはならないのである．

　ところで，ボールキーパーもいろいろである．一球一球丁寧に捕球し，その都度「お願いします」と声をかけてくれるボールキーパーが一緒だと，それだけで単調な練習が楽しくなる．その小さな心づかいで，ノッカーには気合が入るのではないだろうか．また，この両者のやりとりを目の当たりにしている守備者は，一球のボールを大切にしなければならないと自覚するのではないだろうか．ボールキーパーの一挙手一投足が，ノック練習においてもつ意味は大きいのである．

● ノッカーの心構え

　ある年の越後湯沢での夏季合宿のことである．合宿初日，目的地に到着し，練習グラウンドへ移動．そのグラウンドは整地されたばかりであり，バックネットの代わりにブロックが積まれているだけであった．一瞬"ちょっと危ないナ"と思ったことは確かである．

　入念なウォーミングアップの後，早速，紅白戦を行うべく準備完了．試合に先立つシートノックは私が務めた．その最後の一球はホームプレート後方のキャッチャーフライであった．これを捕手のT君は猛然と追い，ブロックへ激突．顔面を強く打撲し，病院へ直行であった．彼はグラウンドへ到着と同時に，合宿に参加することが不可能となってしまった．

　私の配慮が行き届いていれば，この事故は未然に防ぐことができたと思う．泣き言一つ言わないT君の態度が印象的であった．そして，T君が「負傷してしまって申し訳ありません」とまで言ってくれたことが，私には救いであった．

　このときほど，一球のノックの重さを痛感したことはなかった．そして，練習グラウンドの環境整備には，いつも油断することなく細心の注意を払わなければならないことを厳しく教えられた．勿論，その後すぐに旅館のご主人にお願いし，古い畳とマットレスをブロックに立てかけてから練習を再開した．捕手T君はその当時1年生であったが，一球のボールを追う姿勢の素晴らしさが，その後の彼を大きく成長させた．T君が4年生になったとき，私は彼をコーチに指名した．

2－17　練習開始時間

● 練習開始時間の順守

　全国津々浦々，たくさんのソフトボールチームがある．それぞれのチームは練習日，練習開始時間を定めてグラウンドに集合し，チーム練習がスタートする．さて，この練習開始時間をいつも順守して練習をスタートさせているチームは，どれくらいあるだろうか．主将を中心とする幹部学年のリーダーシップにもよるが，なかなか難しいのが，この練習開始時間の順守である．

　この練習開始時間は，ある程度ゆとりをもって設定されるのが望ましい．部員が余裕をもってグラウンドに到着し，仲間と談笑しながら心のウォーミングアップをしたり，各自が主体的にストレッチングなどに取り組みながら，主将の"集合"のコールを待ちたいものである．自分自身のその日の練習は，チーム練習開始前からすでに始まっているのである．したがって，平気で遅刻する部員は，主体性のあるウォーミングアップができないことになる．

● 2～3分の遅れが……

　さて，定刻．主将が集合をかけようとした瞬間，遠くの方にグラウンドに向かって一生懸命走っている副将の姿が見えたとする．この場合，主将は，人情として副将がグラウンドへ到着するのを待って，練習開始の合図をかけることが多いだろうと思う．大切な友人同士であったらなおさらである．

　ところで，副将の到着を"2～3分待つ"という主将の一見配

慮ある行為が，チームの練習開始時間を徐々にルーズなものにしてしまうことは，以外と理解できていないように思う．チームづくりの盲点である．

もう20年近く前のことであるけれども，創部した年のこと．グラウンドでの授業を終え，教員室に戻ろうとした私が，部室棟周辺でⅠ主将とばったり会ったときのこと．

Ⅰ「こんにちはーっ」と元気な声．

私（一瞬時計を見て）

「今，何時だ．主将が練習開始時間にグラウンドにいなくてどうする！」

Ⅰ（一瞬何か言おうとしたことを飲み込んで）

「すいませんでした！」

（全力疾走でグラウンドへ向かう）

初代の主将が，上記のような人物であったことは幸運であった．チームの土台づくりに際し，Ⅰ主将の貢献はとても大きかったと思う．

● 罰ランニング

一方，こんなケースもある．定刻となり集合がかかっても，下級生数名が重たそうに用具を運びながら，しかし急ぐそぶりもなく歩いている．当然少し遅れて到着．そこで，遅れてきた下級生に向かって上級生が一言．「どうして急がないんだ．練習終了後，グラウンドを5周走るように」と．同級生が2～3分遅れても彼を待って練習を開始することと，下級生が2～3分遅れたことに対しては，厳しく注意して思いつき的な罰ランニングを科すること．大きな矛盾を感じるのは私だけだろうか．私は，下級生に厳

しく注意した彼に対して，一度だけ次のように語りかけたことがある．

「誰であろうと，練習が始まろうとしているのに，急ごうともせずにゆっくり歩いているのは確かに良くない．また，上級生としたら腹が立つだろうとも思う．しかし，そう簡単に罰ランニングを科することは賛成できない．なぜなら，それは普段の上級生の指導が悪いからであると思う．勿論，最終的には監督である私が悪い．上級生は，まず自らのグラウンドでの行動を謙虚に反省しなければならないと思う」と．

チーム練習を指揮している上級生が，何よりも心がけなければならないことは，普段の練習開始時間を必ず守るべく努力することである．願わくは，いつも少し早目にグラウンドに出て，前述したように心身のウォーミングアップに主体的に取り組む姿勢がほしい．その一日一日の積み重ねは，自分自身を成長させるばかりでなく，いわば無意識的に下級生を指導することにつながっているものである．

私は，そのチームのソフトボール集団としてのレベルは，練習開始時間がいつも順守できているか否か，その一つを見ればわかるとさえ思っている．そして，それに加えて，グラウンドの美化も評価尺度になると考えている．

● 強い"人間集団"を

一般社会でも，大勢の人間が，決められた時間と場所に遅れることなく集合することは，難しいことである．私自身のことを振り返ってみても，反省することばかりである．わがチームでも創部から今日に至るまで，チーム全員が欠席することなく遠征や合

宿ができたのは，一体何回あっただろうか．そして，誰一人遅刻することなく集合できたことは，一体何回あっただろうか．

　ただ，手前みそであるけれども，わがチームでは入学してから卒業するまで，あらゆる合宿，主要大会の遠征，年3回の公式コンパ（新入生歓迎コンパ・納会・卒業生追い出しコンパ）等に休むことなく出席した部員は多いと思う．彼らはとても魅力的な人物であった．

　実際，いつでも退部することが自由な部活動の中で，練習開始時間の順守がきっちりでき，主要行事に欠かさず出席している部員は，どこに就職しても役に立つ人材になると，私は信じている．いかなるスポーツ集団であっても，強い"人間集団"をつくる原点に，この集団生活の基本があると思う．

2—18　ウインドミル投法

● ソフトボール入門のパスポート

　ウインドミル投法は，ソフトボール独特の投球方法である．風車（ウインドミル）のように腕を1回転させて投球することから，こう呼ばれるようになった．ウインドミルは，速球や変化球が投げやすい投法である．したがって，ウインドミルは，ファーストピッチ・ソフトボール入門のパスポートであるとも言えるのである．

　今でこそ，地区予選大会を初めとして，あらゆる種別の大会において，投手の投法はほとんどウインドミルである．しかし，複数のウインドミル投手を有するチームは，まだまだ少ないのである．ウインドミル投手としてピッチャーズプレートを踏むことが，全国津々浦々のソフトボール愛好者の願いであると言っても過言ではないのである．

　さて，このウインドミル投法の習得に時間を要するのは，このフォームが私たちの日常生活の中にはない両腕の協応動作によっているからである．しかし，逆に，そのフォームの基本動作を反復練習によって身につけることができれば，誰にでも習得可能であるはずである．

● 私のウインドミル

　私は，大学に奉職すると同時にソフトボールを本格的に始めた．当然のことながら，ソフトボールを専攻実技とする以上，ウインドミル投法の習得は最重要課題であった．また，新米監督として

も，ソフトボールのチームをつくるためにウインドミル投手を育てることが焦眉の急であった．

　ところが，私自身はクラスマッチ程度の投手経験しかなく，ウインドミルで投げたこともない．しかし，監督の立場では，いかに投手が重要であるかを，いつものように部員の前で声を大にして語らなければならなかったのである．自分の未熟さを棚に上げて，他人に厳しく注意したり激励したりすることほどみじめなことはない．初期の頃は，部員諸君の"白い目"を背中に感じたものである．

　例えば，部員がフリーバッティングでウインドミル投手を務める．なかなかストライクが入らない．私は未熟さを棚に上げて徹底的に注意したものである．それであるが故に，当時の私が決意していたことは，チーム練習の中ではウインドミルの練習はしないということである．否，ぶざまなウインドミルを部員の前にさらすことはできなかったのである．たとえフリーバッティングであっても，チーム練習の中で私が投手としてプレートを踏むときは，ウインドミルでストライクが自由自在に捕れる投手として，部員の前に登場しなければならなかったのである．

　かくして，私のウインドミル秘密練習は，以下のごとくになる．毎晩，ウインドミルの基本動作の反復練習．所要時間は10〜30分と短い．しかし，日曜日以外，毎日行うことを義務づける．昼休みには，可能な限り時間をつくって，柔道場の鏡の前でタオルを丸めてシャドーピッチング．大腿部には大きなアザもつくった．そして，ある程度投げられるようになったところで，授業のソフトボールで投手として登場．後期のファーストピッチの試合では，授業時には毎回投手を務めた．勿論，マウンドに立ったら一球た

りともおろそかにしない気持ちで投げた．受講生は，奇妙なフォームで速いボールを教員が投げることを温かく歓迎してくれた．一石二鳥となった．

● **授業での"完全試合"**

ウインドミル投手としての実力は，年々歳々アップしたと言ってよい．毎年秋になると15試合程度投手を務めた．ファーストピッチは，90分授業では5回を目標イニングとして試合を行う．多いときは，1日3コマの授業で投手を務め，15回投げたこともある．3年連続，全試合無四球という記録も残した．そして，なにより通算2回の完全試合を達成した．実際，授業のレベルの試合で5回とはいえ"完全試合"を達成することは，自画自賛であるが偉業であると思っている．勿論，エラーが一つもなかったチームメイトには感謝感激である．

このように書くと，教員が一緒になって楽しんでいていいのかというお叱りを受けそうである．しかし，その意見に対しては，はっきりと"否"と答えておきたい．その一つの理由は，投手が一球たりともおろそかにしない姿勢で投げ続けると，その試合は，疑いなく緊張感にあふれた素晴らしいものになるということである．そして，もう一つは，受講生と一緒にプレーすることによって，チームメイトや相手チームの"プレーする心"が私に伝わってくることである．すなわち，受講生一人ひとりの心性構造を理解することが可能となることである．

私自身が授業で投げるという当初の動機は，自らのウインドミル投法の練習のためであった．甘い考えであったかもしれない．しかし，上達したいために一生懸命投げるというそのささやかな

トライと努力は，受講生に温かく迎えられたばかりでなく，試合の中身を濃くし，エキサイティングな授業空間としたのである．ちなみに，"完全試合"を達成した後のチームメイト（受講生）は，「先生，体育の授業でこんなにぞくぞくしたのは初めてですよ」「いままでの体育の授業で最高でした」などと，異口同音に語りかけてくれたのである．

　もう少し言うならば，その日はライトのポジションで守備機会は1回という受講生も，守備をしなくても回が進むにつれて経験したことのない気分を味わい，背中に冷や汗を感じているのである．また，4回の守りで，私が抜かれたと思ったレフトへの大飛球をファインプレーで捕球したT君は，捕球後しばらくの間，バンザイをして喜びを表現し，仲間が思わずT君の周りに駆け寄っていくシーンも見られたのである．また，相手チームにいたっては，終盤に近づくにつれて，各打者への声援は，より気合の入ったものになる．

　私は，このささやかな経験を通して，体育の教員がいわば"からだを張って"授業をつくろうとすることは，やはり大切なことであると考えるようになった．授業運営の方法をしっかり吟味，検討した上で，学生の主体性を尊重した授業展開とし，可能な限り教員がプレーヤーとしても参加したいものである．

　実際，自分が投手として授業でプレーすると決めた場合，朝起きたときからストレッチングを行い，授業前には基本動作の反復練習を繰り返し，ベストコンディションを作るべくからだの手入れを入念に行うようになる．自分自身のための"体育"ともなるのである．

　ウインドミル投法の習得過程で学んだことはあまりにも多い．

そして，ウインドミル投手になれたというささやかな自信は，疑いなく私のスポーツ人生を豊かなものにしてくれたのである．ちなみに，わが部の紅白戦では，数年前から"二軍のエース"である．

2—19 ウインドミル・キャッチボール

● ウインドミル投法の習得システム

　ここでの結論は,「1日5～10分のウインドミル・キャッチボールをチーム練習として取り入れれば, 1年後には全部員がウインドミル投法を習得できる」ということである．この簡単なことが, ウインドミル習得システムである．

　およそ, 新しい技術を習得しようとする場合には, その技術の基本的な構造を理解し, どのような手順で段階的に練習をするかということが大切である．したがって, 初級者は, ウインドミル講習会で講師の話を聞いたり, ビデオで研究したり, ウインドミル投手からコーチングを受けることによって, その基本技術を頭で理解し, からだで覚えることになる．

　しかし, 初級者の段階では, 一朝一夕では上達したという実感はもちにくいものである．そこで, チーム練習の際には, 5～10分程度, 一斉練習としてこのウインドミル・キャッチボールを取り入れるようにするのである．この場合, 大切なことは, ウインドミル投法以外ではキャッチボールしてはならないと申し合わせることである．

● S主将のリーダーシップ

　私が監督として, このウインドミル・キャッチボールを初めて命じた（あえてこの表現にしたい）のは, 第5代目の主将S君に対してである．彼なら途中で投げ出すことなくやり通すと信じたからである．なにより, S主将自身がウインドミル投手になるこ

とを切望していたからである．そして，彼は見事にチームの一斉練習として定着させた．以来，今日までこの練習システムはさらに充実した内容を伴って継続されているのである．

　当然のことながら，練習開始当初はこっけいな光景も散見できるのである．思わず吹き出してしまいそうなフォームも登場したり，コントロールも定まらずボール拾いばかりが目につくのである．そして，毎日この練習を繰り返していると，部員間には少しずつ技術差が出てくるようになる．そして，なかなか上達しない部員は，その5～10分間という短い時間を"屈辱感"とともに過ごすことになる．

　それ故に，このウインドミル・キャッチボールは，一部の部員の白けムードによって，いいかげんなものになりがちである．そこに主将の強いリーダーシップが不可欠となる．上達が遅い部員には，昼休みの自主練習を促して一緒にキャッチボールすることも必要となる．そして，継続は力なり．1年後には全部員がウインドミルでキャッチボールができるようになるのである．

　ある時期から，私たちのチームでは，「将来は町のエース，職場のエースになろう」が部員同士の合言葉になっている．年々歳々，卒業生からいただく年賀状の中に，「町のエースを目指して投げています」というメッセージが増えているように思う．嬉しいことである．

● もう一つの意味

　私は，このウインドミル・キャッチボールを，チーム練習の中にしっかり位置づけたS君に，深い感謝の念を抱いている．スタートした最初の1年間が大切であったのである．なぜなら，その

1年間さえ一斉練習をやり続ければ,全部員がウインドミル投法を習得できると考えたからである.その結果として,翌年の桜の4月に新入部員を迎えたとき,上級生全員が"ウインドミル"においては,下級生に対して優位に立つことができるからである.たとえ野球部経験者が入部してきたとしても,彼らは"ウインドミル"を通して上級生に一目置くに違いない.

　結果として,このウインドミル・キャッチボールは,一つのスポーツ集団が,よりよい秩序を保つためにも有意義なシステムとなったのである.

2—20　フリーバッティング

● 打つ喜び

　あらゆる練習の中で、フリーバッティングほど楽しい練習はないと思われる。打者は、バッティングを自由に満喫できるからである。そして、目的意識や課題意識をもって打てば打つほど打撃技術は向上するだろうと思う。

　ファーストピッチ・ソフトボールでは、通常、各打者の打席数はせいぜい3回程度である。ただし、乱打戦になった場合は4～5回打撃できるだろうし、一流投手と対戦したならば、2回しか打てない選手も出るだろうと思う。試合中の"打つ喜び"の回数は少ないのである。勿論、それぞれの打席には、状況に応じて投手（バッテリー）との駆け引きがあるので、打席内では一球一球のボールによって、その状況が絶えず変化していくおもしろさがある。

　さて、フリーバッティングは、試合での"打つ喜び"をチームの勝利に貢献した喜びに高めるためにある。やみくもにたくさんボールを打てばいいものではない。実戦場面をいつも想定して、今どういう状況で、どういう考え方で次のボールを待っているかを自問しながら打撃すべきである。

● 目的意識の重要性

　フリーバッティングの一球一球を、常に目的意識をもってスイングしている打者は、疑いなく打撃技術が向上する。ここでいう"打撃技術"とは、投球されたボールをただ"打つ"技術ではな

い.打撃技術とは,試合においてチームが得点するために打席内で発揮できるすべての要素を含んでいると考えておきたい.

ところで,プロ野球選手であっても,打率が3割を超えることは至難のことである.勿論,ソフトボール界では,打席数が少ないリーグ戦などでは,4割バッターや5割を超えるバッターも誕生する.しかし,一般的にはバッターが常時3割を超える打率を維持することは難しいのである.

さて,打撃技術の向上とは,試合の中で1本のヒットや四球を生み出すために目指さなければならないことである.例えば,公式戦で20打数1安打のバッターが21打数2安打にするため,また四球を選ぶために努力しなければならないのである.その1本のヒットや四球は,一つの試合の勝利を決定するほどの意味をもっているからである.

このように考えると,フリーバッティングでのスイングの1本1本が大切となる.しかし,その練習を観察していていつも思うことは,自分がどういうタイプの打者を目指しているのか,また,どのような状況を頭に描きながら,どのカウントで打っているのかということが伝わってくる選手は少ないことである.チームとして状況を設定して練習することも大切であるが,自分自身の目的意識や課題意識をしっかりもつことが大切であると思う.

● 投手の重要性

ところで,内容が充実したフリーバッティングを展開するためには,投手の担う役割が大きい.優れた速球投手"ピッチングマシーン"を使って練習することも有効である.しかし,マシーンに頼らず一人でも多くフリーバッティング投手を務めることがで

きるチームをつくりたいものである．そして，投手のレベルが高ければ高いほど，練習の質と効率は高いことを理解しておきたい．

例えば，打者がスコアリング走者をおいてヒットを打ちたい場面でのフリーバッティングとする．カウントはノーストライクかワンストライク．このケースでは，一般的に打者はねらい球をしぼって打ちにいく．インコースかアウトコースか，高めか低めか等々を考えながら打席での集中力を高めていく．したがって，その日の練習で，重点的にアウトコース低めのボールを打つ練習をしようとするならば，投手に対してそのことを伝える．投手にはその制球力が要求される．この場合，打者はインコースへのストライクは平然と見のがさなければならない．

次に，ツーストライクからの打撃を想定したフリーバッティングとする．この場合，打者はストライクに近いボールは，すべて打ちにいかねばならない．一方，投手には意識的に"ボール"を投げることも要求される．投げたボールが"ボール"になってしまうのと，意識的に"ボール"を投げるのとでは，格段の差があることを理解しておきたい．

ここで強調しておきたいことは，フリーバッティングという一見打者のための練習は，実は投手にとっても有意義な練習になるということである．したがって，打者が課題意識をもつことは，投手にも課題意識を与えることになるのである．

● 投げやりなフリーバッティング

よくある練習光景である．打者の打つ本数が決められてフリーバッティングが開始される．打者は"打つ喜び"を満喫しようと意気込んでいる．ところが，投手は"ストライク"が入らない．

打者はしばらくの間は，打撃姿勢を崩すことなく常に自分のスイングをしようとボールを選んでいる．ところが，そのうちに徐々に当初の集中力は失せてくる．そればかりか平気で"ボール"を強振し空振りが目立つようになる．しかも，その空振りは，自分のせいではなく，投手が"ストライク"を投げてこないことにあるかのような態度を見せる．どのチームにもよくあることではないだろうか．

　これが試合であったならば，打者は四球を選んで嬉々として1塁へ向かうだろうと思う．しかし，フリーバッティングではその逆である．おもしろい現象であると思う．"打つ喜び"が多いフリーバッティングには，こんな落とし穴が隠されていることを銘記しておきたい．

2—21　サイン

● 初めてのサイン

　野球型スポーツには，コンビネーションプレー，チームプレーという言葉があるように，複数の選手が連係して動くプレーがある．そして，特に攻撃時には監督やコーチが出す"サイン"によって，チーム戦術が決定される．このサインをどのように決めるかによって，チームの目指す方針や練習内容が変わってくると言っても過言ではない．極論すれば，サインによってチームカラーがつくられるとも言えよう．

　さて，18年前，野球型スポーツの本格的な選手経験がない私が，監督に就任したばかりの頃のことである．創部2カ月後に，初めての公式戦に出場することになった．私は，チームの"サイン"については体育学部の野球部員からレクチャーを受け続け，いわば机上の学習は十分したつもりであった．

　試合前日のミーティングでは，新米監督が部員の前で堂々と自軍のサインを宣言し，翌日の試合に臨んだのである．しかし，私がその試合でサインを出すことは，とうとう一度もなかった．決して攻撃のチャンスがなかったというわけではない．正直なところ，サインをどういうタイミングで出せばいいのか最後までわからなかったのである．否，たくさんの部員の前で恥をかく勇気が新米監督にはなかったのである．

● サインをつくる

　私が，監督として自軍のチームサインを「これだ」という思い

で確定できたのは，創部してから8年後のことであった．10年近い歳月を要したことになる．勿論，最初の公式戦の苦い体験から，毎日のように鏡の前でサインを出す反復練習をした成果もあって，監督就任1年後には，なんとかさまになっていたと思う．しかし，「これだ」と確定するまでの間，私は月並みなサインを一生懸命出していたと思う．

　ところで，創部4年目からの4年間，私たちのチームは，全日本大学選手権大会（インカレ）予選大会において，いずれも1点差で負けるという苦い経験をしている．当時，登録チームは年々増え続けており，わがチームは全国大会とは縁のないローカルチームで終わってしまうのかとも思い始めた．

　その頃は，どのようにすればチームを強化することができるのかを毎日のように考え続けた．監督生活の中で最も燃えていた時期かもしれない．ここでは，そのときに結論した二つのことを記しておきたい．

　一つは，最上級生までが一丸となって戦うことができるチームづくりをすることであった．他大学，とりわけ体育学部を有するチームが4年生まで選手登録してプレーを続けているのに，上級生の大半が3年生の秋で現役引退するチームでは，チーム強化には限度があるからである．加えて，わがチームは，野球・ソフトボール経験者のみならず運動部経験者も少なく，入部時の部員の基礎体力の水準は，他チームに比して低かったのである．いよいよこれから力が発揮できる4年生の選手登録は不可欠なことであった．このチームのシステム変更には，一時監督を辞任（休止）する事件にまで発展したが，そのことを契機に，レギュラーメンバーは4年生になっても選手登録するようになった．また，留年

したことにより5年間，6年間と，選手登録を続けた部員もいる．見事な男たちであった．

　そして，もう一つの課題がこの"サイン"であった．当時考え続けたことは簡単なことである．それは，4年連続1点差負けのすべての責任は監督にあると自分自身を責めることであった．実際，選手はよく戦っている．1点差で負けているわけであるから，7回ある攻撃の中で，私の出すサインが試合の流れや状況に対応して最良のものであれば，勝敗は逆転する可能性があるはずである．その最良のサインを，自軍の選手の有している諸能力を見きわめながらいかにつくり出すか．まさに監督に課せられた大きな任務であった．

　ところで，人間，自分を責めることは決して容易なことではない．ときには「なんでオレが」という気持ちが先行し，つらいこともあるからである．先ほど「自分自身を責めることであった」と私は書いた．しかし，本音を言えば，1点差負けの最初の2年間は，"自分を責める"という言葉に甘えていたと思う．本物ではなかったのである．選手も口では悔しさを語っていても，「あのチーム（大学）に1点差だから」という気持ちが心のどこかにあったと思う．私もその選手の気持ちに心のどこかで同調して，負け方に満足していたのである．未熟な監督であったと言わなければならない．

　その私の心構えを変え本気にさせてくれたのは，やはり部員諸君の誠実な努力，練習に取り組む姿勢であった．考えてみれば，大切な試合に負けた瞬間にこそ，人物のスケールを見ることができるのである．そして，おおきな目標を逃し，また1年間努力を続けなければならないその瞬間に発した言葉に対する責任は，や

はり"誠実な努力"のプロセスで自分自身に対して示すしかないのである．どの世界にも，口先だけで行動が伴わない人は多い．残念ながら私もその一人であるし，反省することばかりである．しかし，私の"サイン"の学習と研究は，こうして本格的にスタートしたのである．

"考える"ことは，とても大切である．目的，目標をもって考え続けることは，人を少しずつ賢くすると思う．自軍が勝利するために必要な要素は何か．簡潔明瞭にして，攻撃戦術にさまざまなバリエーションをもたせることが可能なサインは何か．当時は一生懸命考えた．そして，創部8年目にして"私たちのサイン"の基本形ができあがったのである．

サインによってチーム戦術の方向性が明確になると，日常の練習内容や練習方法もおのずから変わってくるものである．前述したように，サインはチームの基本方針，そして基本理念をも形成する迫力をもっていると思う．あのときから，私たちのチームは，少し賢くなったと実感している．

2 — 22 円　陣

● 円陣をつくる

　試合中よく見かける光景に"円陣"がある．攻守交代して攻撃に入るときの短い時間を利用して，監督や主将が選手に助言したり檄(げき)を飛ばしたり，また，選手同士が声をかけあって士気を高めたり，円陣が醸し出す雰囲気はチームによってさまざまである．
　一方，円陣をつくることは，練習場面においてもよく見受けられる．主将が「円陣！」と声をかけ，円形に集合することによって，次の練習の指示を出したりする．
　そして，あらゆるスポーツ場面でこの円陣を見ることができる．中学校や高校で部活動を経験した人は誰でも，円陣をつくってミーティングしたことを覚えているだろうと思う．また，職場や地域社会のレクリエーション大会においても，円陣をつくってムードを盛り上げている光景はよく見受けられる．

● 円陣の意味

　さて，私自身も監督という立場で，円陣をつくって指示を出したり話をしたりすることは，ずいぶん経験してきた．
　ところで，ある時期から，この円陣をまん丸くつくることにこだわってきた．その理由は，円陣にはとても魅力的な意味があることに気がついたからである．それは，円陣をまん丸くつくると，そこにいる全員の顔，両目が誰からでもよく見えるということである．円陣は，みんながどんな顔つきで話を聞いているか，一目瞭然にわかるものである．したがって，どのような円陣ができる

か，また，その円陣が醸し出す雰囲気は，そのときどきのチーム状態が反映されていると言っても過言ではない．

例えば，私が話しているときに，意識的に円陣を崩している部員がいる．私からその部員の顔はよく見えないことになる．当然，相手も同様である．このような場合，その部員が私に対して反感をいだいていたり，不満をもっていることが多い，と私は考えるようにしてきた．そして，相手を責める前に自らが謙虚に反省するように努力してきた．ただし，円陣を意識的に崩す部員は，感情のコントロールが未熟である場合が多く，指導することが難しい部員であることが多い．たかが"円陣"でも人物のスケールを見ることができるのである．小さな反感や不満は，別のところで監督やコーチに直接語ればいいのである．人間，いついかなるときでも正々堂々としていたいものである．

一方，円陣をつくって話をしていると，部員一人ひとりの顔つきや目つきから，いろいろな思いが伝わってくる．練習でも，試合でも，その顔つきや目つきが生き生きとしているときは，チームが大きく成長できる絶好のチャンスであると思う．それ故に，円陣の中にあって話をする立場にいる人は，その内容を吟味しながら，一人ひとりの顔や目を見ながら話すことを心がけたいものである．

● 自主的に円陣をつくる

さて，円陣をつくるときに大切なことは，一人ひとりが自主的に円陣の一員となることである．自分が立っている両サイドの人をちょっと気づかえば，まん丸い円陣が容易にできあがるのである．

ところが，集合がかかってたちまち円陣ができるチームもあれば，ゆっくりしているチームもある．そして，まん丸い円陣をつくることにこだわっているチームもあれば，全く無頓着のチームもある．どちらでもいいのかもしれない．しかし，私は徹頭徹尾まん丸い円陣を自主的につくることにこだわってきた．人間の集団がお互いに顔を見合わせて話し合うのに，この円陣はきわめて有効な方法であると考えるからである．部活動を通して"円陣"を経験し，他の部員の顔を見ながら正々堂々と話す修行をしたいものである．

2—23　かけ声

● 準備運動時のかけ声

あらゆるスポーツ集団は，いろいろなスタイルの"かけ声"を有している．ランニングや準備（整理）運動時のかけ声，チームの士気を高めるためのかけ声等，さまざまである．

ストレッチングがスポーツ界で市民権を得ている今日，お互いに談笑しながらリラックスしてコンディションを調える方法が，より有効な準備運動であることは一般的に理解されている．一方，私たちの世代の部活動では，元気よく声をかけ合って準備運動することが"常識"であった．したがって，大きな声で"かけ声"をかけなければ，先輩から厳しく注意されたものである．

高校時代の卓球部の素振りはすさまじかった．入部から約3カ月は，季節に関係なく単パンに半そで姿で，順番に1から10まで数えながらの素振りであった．しかも毎日1時間である．「先輩たちもやってきたことだから」と思いながら耐えたものである．声に少しでも元気がないとやり直しを命ぜられ，素振りの時間は延長されたのである．全面的に肯定するわけではないけれども，この体験は，私の人生にとってかけがえのないものとなっていることは確かである．他にも理不尽と思われるようなことはいくつもあった．校内での夏季合宿中，昼休みになると先輩が練習場に駆けつけてくれる．そして，トレーニングの時間が延長される．せっかく先輩が仕事の合間に顔を出してくれたのだからと耐えることになる．今では，すべて懐かしい思い出である．

さて，私たちのチームの準備運動は，まず一人ひとりが順番に

かけ声をかける準備体操から始まる．イチ・ニ・サン・シと一人が大きな声をかけたところで，全員がゴー・ロク・シチ・ハチと声を合わせてかけ声を返す．引き続きストレッチング，軽いランニングの後，塁間ダッシュへと続く．そして，グラブ・バット・ボールでの練習メニューを終えると，最後に整理体操をする．準備体操と同様に大きな円陣をつくり同様なかけ声をかける．

　余談であるが，この準備（整理）体操のメニューだけは創部以来ずっと変更していない．卒業後，何年かたってOBとしてグラウンドに足を運び当時と全く同じ雰囲気で体操をしたときに，学生時代のことを走馬灯のように思い出すと考えるからである．そこに，厳しい部活動を最後まで頑張った誇りと喜びがあるのだと思う．

● **人心を動かす**

　前述したように，一人ずつ順番にかけ声をかけて，チーム全体の準備（整理）体操を取り仕切ることは，とても貴重な経験になると私は考えている．特に，大学入学までに運動部経験のない新入部員のかけ声は，最初のうちは貧弱であることが多い．イチ・ニ・サン・シと大きな声で発することが難しいのである．勿論，みなすぐに慣れて，立派なかけ声の持ち主になる．

　その日の練習が開始されて準備体操が始まる．いつもと同じワンパターンの体操である．しかし，元気あふれる爽やかなかけ声がグラウンド中に響きわたったらどうであろうか．みんながそれだけで楽しくなるのではないだろうか．そして，練習に向かう気持ちがうきうきしてくるのではないだろうか．逆に，元気のないかけ声は，「アイツ，どこか調子が悪いんじゃないのか」などと

周りの部員に心配をかけるばかりでなく，その場の雰囲気を消沈させることもある．

　練習終了後，暗闇の中で整理体操が始まる．他の部員の顔もよく見えない．そんなときに，メリハリのあるかけ声がみんなに向かって発せられたらどうであろうか．その日の練習で疲れているからだが引き締まるのではないだろうか．そして，今ここにいる部員と共に過ごしていることを誇りに思うのではないだろうか．"かけ声"は，疑いなく人心を動かしているのである．私自身もそんなかけ声にずいぶん励まされたものである．

　このような経験は，卒業後，社会人となったとき必ず生きてくるものである．円陣にしてもかけ声にしても，日常の練習で繰り返していることの中で，知らず知らずのうちに，試合の勝敗よりも大切なことをグラウンドで学んでいると，私は信じている．

2—24 合 宿

● 裸のつき合い

　長い監督生活を通して，たくさんの合宿を経験してきた．合宿は，その目的によって，強化合宿，調整合宿，親睦合宿などに大別されるだろうと思う．いずれの合宿も，チームの士気（モラール）を高め，より円滑な人間関係を形成するために大切なものである．合宿生活では，技術や体力の向上や戦術の学習ばかりでなく，月並みな表現ではあるが，いわば裸のつき合いをすることによって，一皮むけた人間づき合いが始まるからである．

　それ故に，合宿生活では，思いがけないいろいろな事件が発生するのである．それらは，みな人情の機微にふれる小さな事柄がその主因となっていることが多い．

　ここでは，ある一人の人物に関する二つの事件を記しておきたい．

● 行方不明事件

　岐阜県での全日本大学選手権大会を１週間後に控えた信州での調整合宿でのこと．ミーティング開始時間になっても２年生のＫ君が不明．旅館の隣りには天竜川．みんなで捜せと大騒ぎになった．結果は，友人とのささいないざこざで押し入れにこもったまま時間を失念していたＫ君を発見．何事もなかったようにミーティングは終了．Ｋ君は少々元気がない．

　私は，Ｋ君に私の部屋に来るように指示し，待つこと２〜３分．その間，彼にどのような言葉を投げかけるか一生懸命考える．し

かし，いいアイデアはない．K君は部屋に入ると緊張した顔つきで正座．なにを言われるのかかなり気にしている様子である．その瞬間，言う言葉を発見．「らくにしろよ，K．おまえさん人間らしくていい」．長い監督生活で最も短い"説教"であった．

● **ハアという返事**

このK君については，彼が1年生の夏季強化合宿でも忘れられない思い出がある．

彼は入部当時から打撃センスは抜群であり，その合宿の紅白試合でも1年生の中ではナンバーワンの成績を記録した．秋の大会へ向けての選手登録枠は，1年生には3名分あった．この合宿の成績を総合的に判断して監督が選考することになっていた．

最終日のミーティングの席上．私はK君の名前は呼ばなかった．その直後，彼の仲間の一人が私のところへ駆け寄り，「先生！どうしてKは選ばれなかったんですか．理由を教えて下さい」とやや興奮ぎみに語りかけてきた．私は，「理由はKには話してある」と答えたのみであった．

約1週間の合宿期間中，私なりに1年生には気をつかってきたつもりである．食事のときなどにさりげなく語りかけて会話する．さて，K君の場合，彼はいつもにこやかな顔つきで私の目を見て言葉が返ってくるのに，その返事はいつも「ハア」であった．最終日の朝食時．私は，「ハア」という返事をしているうちは，理科大ソフトボール部のレギュラーになれないことをさりげなく彼には伝えた．このことを，K君は，創部10周年記念誌の中に，心に残る思い出として肯定的に記してくれたのである．

1年・2年と，その年度を代表するような事件の当事者となっ

たK君は，3年・4年とわがチームの4番打者に成長する．昭和62年8月2日，福島県郡山市，東日本大学選手権準々決勝．対戦相手は常勝，日本体育大学．創部10年目にして迎えた日体大への初めてのチャレンジであった．この試合，結果は2対3の惜敗であったが，わがチームの2点は，4番K君が6回裏2死1塁から打ったセンターオーバーの大ホームランであった．

　K君のおだやかな顔つきは今も変わらない．しかし，彼が打席の中でいつも見せたあの厳しい目つきは，人生という大きな舞台の上でいつまでも光を放つと思う．

2—25 遠 征

● 忘れ物と遅刻

　合宿同様，チームの遠征にもいろいろな思い出がある．合宿のための遠征，大会出場のための2～3泊の遠征，日帰りの遠征等々，それぞれに忘れられない事件がある．

　初期の頃，日帰りの遠征でよく起こったことは，忘れ物と遅刻にまつわる小さな事件である．私自身も失敗は多い．ある大会でのこと，朝，ユニフォームを着ようと思ったところベルトがない．仕方なく細いベルトでその日を過ごした．普段部員に注意する立場にいるが故に，その日は心の中はやけに重たかった．以来，遠征に出るときは，前日に持ち物を並べて確認した後で遠征バッグに入れることにしている．また，スペアメガネも必ずバッグに入れることにしている．

　さて，新入部員が入ってチームが活気づいている頃によく起こることは，レガースやマスクの用具運び担当者が駅周辺での集合時間に遅れ，試合会場で上級生がイライラしながら待っている光景である．このような場合，責められるのは1年生であるが，用具がなければ試合ができない故に，上級生のいらだちは尋常ではない．勿論，遅れた1年生は冷や汗を流しながら駆けつけてくる．そして反省至極である．

　しかし，視点を変えて考えてみると，自分が使用する用具は自分で運ぶことが当たり前という考え方もあるし，まだ不慣れな1年生にその重要な任務を任せることがよくないという考え方もあると思う．そのような失敗を重ねながら，選手も監督も，そして

チームが成長していくのである．

● バス乗車事件

　創部3年目の年，新潟県で合宿遠征したときのことである．その日は，練習を終えて宿舎まで乗合バスで移動することになった．バス停でしばらく待ち，乗車することになった．そのとき信じられないことが起こった．料金先払いのそのバスに部員一人ひとりが荷物を抱えてサイフから小銭を取り出して支払っているのである．当然，運転手さんは不満顔である．まとめて支払ってくれればいいのにと思っている．私もこの光景にはまいった．

　その後のわがチームの遠征では，マネージャー（会計）が事前に雑費を徴収しておき，バス・電車はもとよりタクシーで移動するときにも，予め手配してスムーズに行動できるようになった．，大会会場に電車で移動する場合，マネージャーは部員よりも一足先に駅に向かい，全員のキップ（人数が多い場合には回数券）を買って待つことになる．このようなささやかな配慮は，選手が試合に臨む集中力をより高めることにもつながると思う．

● 気くばり

　大会出場のために遠征しているときには，試合会場までユニフォームで移動することがある．試合終了後，宿舎まで帰るときにはユニフォームは汚れていることが多い．このような場合，その汚れをできるだけ落として，バスや電車の座席が空いていてもさりげなく立っていることが常識である．また，タクシーで移動しなければならない場合には，運転手さんに一言断って許可を得てから，タオルを敷いて乗車することが常識であると思う．

ところが，試合に負けた悔しさや興奮状態は，時として若者に粗雑な行動をとらせるものである．わがチームでも苦い経験は多い．ある時，駅前のタクシー乗り場で順番を待ち，私の目の前で乗車しようとした部員は，汚れたユニフォーム姿のまま，奥の座席にジャンプするかのようにドスンと座ったのである．私が注意する前に，その部員は運転手さんに一喝されて小さくなっているのである．いきがった行動をとる若者は，意外と気が小さいものである．

　一人の部員の無神経な行動は，運転手さんを不愉快にするだけでなく，同じユニフォームを着て一緒に行動している部員をも不愉快にしていることを，忘れてはならない．遠征先では，結局のところ，普段のグラウンドでの練習に取り組む姿勢の善し悪しが，そのまま行動に出てしまうものである．肝に銘じておきたい．そして，各自が自重自戒したいものである．

2—26　監督雑感

● 出会い

　人生にはいろいろな出会いがある．一つの大学に男子ソフトボール部が誕生し，その小さな集団を通して私にもいろいろな出会いがあった．留年生となりながら5年間，6年間と，グラウンドに通い続けた男たちにも出会った．今でも"すごい"連中（部員）だと思っている．学生にいろいろなことを教えられながら，私自身も監督として少しだけ成長できたという実感はある．

　この間，いくつかの特例を除いて，私は現役部員と個人的には"お酒を飲む"つきあいはしてこなかった．それは，"選手を選ぶ"ことの重責を自戒していたからである．すべてはグラウンドが勝負と勝手に決めていた．ただし，年に3回あるチームの公式コンパには必ず出席した．都合により途中からの参加も2～3回あるけれども，監督を辞任するまでの16年間，そして現在（総監督）まで，一度も欠席したことはない．

　小さな集団ではあっても，年輪を刻み続けると，いつの間にか大きな集団になり"伝統"という言葉も胸を張って使えるようになってくる．創部10周年と20周年の記念式典と盛大なパーティーもOB会の尽力で開催された．私自身にとっても，毎年交換している年賀状を15のジャンルに分けて整理している中で，「理科大ソフトボール部卒業生」というジャンルが120枚を超えるようになり第1位を占めるようになった．本当に有り難く，嬉しい出会いであると思う．

● 選手を選ぶ

　部員がレギュラー選手になるためには、いくつかの段階がある。その第一は、ユニフォームの背番号をもらうことである。すでに述べたように、背番号とは、日本ソフトボール協会が定めるルールに従ってチーム登録用紙に記入される登録番号のことである。選手登録枠は25名となっている。これは、年度当初に登録したならば変更することができない。ただし、高校生と大学生については、秋の大会では卒業学年から下級生に変更できるように、8月21日から9月20日までの期間のみ登録変更できるようになっている。いつでも自由に変更できるわけではないのである。

　そして、次は各大会要項に定められた出場選手枠（ベンチ入りメンバー）に入ることである。最後は、試合開始前に交換される「オーダー用紙」にスターティングメンバーとして記載されるかどうかが決め手となる。

　以上のことは、部員が選手となって試合に出場するためには、監督が"選手を選ぶ"作業を3回行っていることを意味している。背番号があるかないか、ベンチ入りできるかどうか、スターティングメンバーになれるかどうか、部員にとっては最もデリケートな問題である。監督にとってこの3回の作業は、最も重要な任務と言わなければならない。

● ベンチ入りメンバーの決定

　私は、ある時期から、公式試合のベンチ入りメンバーについては、次のような方法で決定してきた。

　まず、コーチ（監督が指名して幹部学年が承認）と主将・副将

(いずれも全部員の選挙で決定)の3名に,それぞれ推薦選手とそのポジションを記入して提出することを求める.そして,私を含めて4名でミーティング.いわば選考会を行う.

選考に際しては,まず3名から推薦があった選手については,全員ベンチ入りを決定.しかし,3名の意見が異なる場合には,それぞれの主張を聞きながら意見交換を行う.最終的には私が決断し,3名の同意を得てベンチ入りメンバーを決定する.このような方法で決定すると,選ばれなかった選手からの不平,不満は出にくいものである.しかし,みな一生懸命練習しているが故に,彼らが心の片隅に不平,不満をもっていることも理解しておきたい.

● **名前誤記事件**

前述の選考会でのこと.コーチのN君は,約束の時間間際にあわただしく私の研究室に入ると,推薦選手名簿を提出.私がざっと目を通し,ある部員の名前の誤記を指摘すると,目の前の私のペンをすばやく取って書き直した.

その瞬間,私はN君をどなりつけた.コーチとしての彼の一連の行為が許せなかったのである.なにより"人を推薦する"ことの意味を何もわかっていないと感じたからである.

「N! 人様の部屋で,ことわりもなくペンを使うとは何事だ.それに,自分の後輩を推薦するのに,名前を間違えて書いてくるとは何事だ.説明しろ!」

私たちは,社会生活の中で,いろいろな組織や集団に属している.そして,"人事"のことは,最重要事であると言っても過言ではないのである.私は,人を推薦する際の心構えだけは彼に伝

えておきたかった．

● スターティングメンバーを選ぶ

　監督は，その試合でスターティングメンバーを誰にするかを決定する権限をもっている．私は，監督がこの権限を行使する限りにおいて，敗戦の責任は監督にあると考えている．なぜならば，スターティングメンバーがもし他の選手であったなら，すなわち，戦う選手が違う人であったなら，その試合に勝利したかもしれないからである．野球型スポーツにおいて，否，あらゆるスポーツの勝負において，この視点はとても重要であると思う．

　そして，それ故に，レギュラーメンバーをどうするかについては，大言壮語ではなく毎日のように考え続けてきた．日常生活のどこかの場面で，そのことを意識して思いを巡らせたものである．通勤する車や電車の中で，自宅で野球中継を見ながら，選手をあらゆる角度から比較しつつ悩んだり，楽しんだりしたものである．

　また，試合が近づくと，先発メンバーを仮想して"イメージゲーム"をしたものである．いろいろな状況を想定しながら，頭の中で打者や走者にサインを送るのである．

　私の生活の中に，ソフトボールの監督がこれほどまでに入り込んでいたとは，実は，監督をしていたときには何も気づいていないのである．これらはすべて監督を辞任してから痛感したことである．"監督でない"ことは，スターティングメンバーに頭を悩ます必要もなければ，意識的に戦術を考える必要性も全くないことを意味している．私の日常生活の中で，前述の習慣はたちまち消失してしまったのである．とても不思議な気分であった．

● レギュラーの心構え

　監督が一生懸命"レギュラーを選ぶ"ことは，当たり前のことである．しかし，今一度，ここではチームの代表として選ばれたレギュラーメンバーの心構えが大切であることを強調しておきたい．

　敗戦の全責任は監督にあるとしても，実際にプレーした選手一人ひとりには，当然，よい結果を出せなかったそれぞれの責任があるはずである．その自らの責任を安易に監督や他の選手に転嫁することなく，自分自身の課題として謙虚にとらえ，次の試合に向けてベストを尽くして努力することが，レギュラーには課せられているのである．

　そして，レギュラーメンバーは，その背後には選ばれなかったメンバーやマネージャーがいることを忘れてはならないのである．レギュラーが思い上がって不平や不満を言い始めたとき，チームはたちまち弱化する．人間の信頼が崩れ始めるからである．しかし，それも"レギュラーの心構え"をしっかりチーム内に根を下ろさせることができなかった監督の責任である．

● 若者の"誠実な努力"

　ある年の全日本大学選手権大会（インカレ）予選大会．私たちは1回戦で敗退した．その試合後は大敗したこともあって，レギュラーはみな自分のふがいなさを謙虚に語ったのである．とりわけ，主将のN君は，涙をためて主将としての統率力のなさを，自分の非力をみなの前で正座して詫びたのである．ここまでは，よくある話である．

その後，彼は引退することなく，4年生になっても卒業研究の合間をぬって黙々とグラウンドに通い続けた．6年生のE君，5年生のT君，そして，彼と同期のすべての仲間たちが，選手登録して1年後の試合を目指したのである．この努力には，私は本当に頭が下がった．彼らは決して人のためではなく，自分のために努力を続けたのだと思う．そして，翌年，彼らは見事にインカレ出場を果たしたのである．

　"チームのために"を語ることは簡単である．誰にでもできることである．しかし，チームにとって本当に自分が必要とされているかを自問自答してみると，"チームのために"を語ることは，かなり勇気がいることである．それ以上に，チームにとって必要とされる人材になれるかどうかを，グラウンドで示し続けることは難しいものである．

　私は，長い監督生活を通して，若者の"誠実な努力"をたくさん見せてもらったように思う．そして，彼らは，"チームのために"を心の中で語ることができるようになるために，まず自分自身を成長させようと，自らを徹底的に鍛えたのだと思う．

　全国津々浦々でスポーツを通して心身を鍛えている若者に，心から拍手を送りたい，と思う．

第3章　実践ベース・ボール教育論
――イチロー・スピリット――

3－1　「イチロー選手」誕生――監督と選手――

● **なぜ，イチロー・スピリットか**

　本章は，第2章の延長線上にあって，ソフトボールのみならず野球などの《ベース・ボール（ベースを置いたボールゲームの総称）》も考察の対象として，実践スポーツ教育論を記すものである．故に「実践ベース・ボール教育論」とした．

　そして，本章の中核には，平成6年，わが国のプロ野球界に彗星のごとくデビューを果たし，その後も大活躍を続け，現在はベースボールの本場・アメリカのメジャーリーグでも大活躍を続ける《ＩＣＨＩＲＯ選手》を置いている．故に，"イチロー・スピリット"というサブタイトルを付した．その理由は，私が初めて《イチロー選手》にテレビの画面で出会ったときから，弱冠20歳の彼に対してプロスポーツ選手の理想像を見てきたからである．私は，教育現象としてのスポーツは，よりよい社会を築くための文化装置であってほしいと願っている．したがって，いわば健全な国民的娯楽の提供者であるプロ野球界に関わる人々には，少なくともプレーイングフィールドでは最高のスポーツマン・スピリットを表現していただきたいと念じている．それにしても，弱冠20歳のイチロー選手は，短い期間にたくさんのことを私に考えさせてくれたのである．

● 鈴木一朗

イチロー選手．本名・鈴木一朗，昭和48年生まれ．愛知県出身．現在（平成9年），23歳．

平成4年，愛工大名電高からドラフト4位でオリックスへ入団．入団1年目．一軍で40試合に出場し，95打数24安打，打率2割5分3厘を打つ．また，ウエスタン・リーグでは，3割6分6厘で2位に4分の差をつけて首位打者となる．さらに，7月のジュニア・オールスター戦では，同点で迎えた8回表に代打で登場．勝ち越しの本塁打を打ちMVPに選出される．

2年目の平成5年，開幕から一軍入りを果たすも，一，二軍を往復する．一軍での成績は，43試合に出場し，64打数12安打，打率1割8分8厘．一方，ウエスタンでの成績は別格，48試合に出場，186打数69安打で3割7分1厘．30試合連続安打のウエスタン新記録も樹立する．このように，入団から2年間，鈴木一朗選手は，一軍に定着することはなかった．

●「イチロー選手」誕生

平成6年，オリックスの監督は．土井正三監督から仰木彬監督に代わる．仰木監督は，登録選手名・鈴木一朗を「イチロー」に変更しマスコミにアピールする．と同時に開幕からスタメン2番でイチロー選手を使い続ける．

「監督が代わって一番よかったのは，1・2打席が悪くても，我慢していてくれる．今までならば，第1打席がだめならば，もう交代だったから気持ちに焦りがあった．今は我慢してくれているという安心感が，打席での余裕につながっていると思う．」

「名前をイチローに変えてくれたのも,何とかボクを売り出そうとしてくれているためだと知っていた.そういう善意の気持ちは,ボクだってわかります.」
いずれもイチロー選手の言である.

この年,イチロー選手は,前人未到の1シーズン200本安打を達成する.藤村富美男選手(元阪神)の有する年間最多安打記録191本を抜き,1シーズン210安打の日本新記録を樹立する.弱冠20歳の青年が残した偉大な記録であった.この200本安打に向けて起こった"イチローフィーバー"は,3年後の今日もなお続いている.

● **イチロー・スピリット**

3年前,"イチローフィーバー"が起こっても,私はプロ野球ニュースで彼の活躍を時々見る程度であった.しかし,ある日曜日,野球中継でオリックスの試合をじっくり見る機会があった.当然のことながらTVカメラはイチロー選手を追っている.そして,イチロー選手の一挙手一投足を目の当たりに見て,「こいつはすごい!」と思わず叫んでしまったことを覚えている.

ユニフォームの着こなし方は見事,勝負に臨む顔つきは精悍,打席に入る前や守備位置でのウォーミングアップは文句なし.そして,彼のもつ雰囲気は,高い集中力とリラクゼーションの調和を随所に感じさせる.とりわけ全力疾走スピリットは最高である.打者として守備者として,思わずからだが動いてしまう"自然の流れ"の中での全力疾走は抜群であった.加えて,彼の話し方には,天性の才能がある,とも思った.

その後は,一人の大ファンとしてイチロー選手に注目してきた.

いつしか大学の講義や実技の授業の中で，スポーツマンの理想的な姿として"イチロー・スピリット"について語るようになった．

● 出会い

「人生は邂逅(かいこう)（めぐりあい）である」とは，よく聞く言葉である．人間が人間と出会うこと，あるいは素晴らしい絵画や音楽に出合うこと．私たちの人生は，その沢山の出会いや出合いによって彩(いろど)られている．

イチロー選手の父親「チチロー」こと鈴木宣之氏は，その著書『父と息子—イチローと私の二十一年』（二見書房，1995年）の中で，"出会い"についての感謝を次のように記している．「一年めはそうでなかったが，二年めは一軍でいじられ，だめだったらまた二軍で修正されるということの繰り返しだった．一朗も試行錯誤していた．しかし，三年めは違った．この年から一朗はイチローとなった．新たに新井宏昌一軍打撃コーチが入ってこられ，自分のタイトルの体験から精神面の指導をしてくださった．イチローにとっては，河村コーチといい新井コーチといい，それぞれが素晴らしい出会いだったろう．イチローの足りないところを，いろいろなコーチが教えてくれた．そうして，自由にやらせてもらえる仰木彬監督との出会いで，最善の環境となった．」

そして，さらに前任者である土井正三監督については，次のように記している．「土井監督は，一朗には力がないと判断されたのだろう．その時点では一朗にまだそれだけの力しかなかったことになる．おそらく，土井監督は『一軍のベンチでよく勉強しておけ．今は辛抱のときだ』と，いってくださっていたのだろう．そういう意味では，一朗は土井監督には精神面でかなり鍛えられ

た．(中略) 土井監督は三年めの飛躍となる強力なバネをつくってくださった.」

温かい親心が伝わってくる感謝の記述である．しかし，ここで簡潔明瞭に言い切っていることは，土井監督の下では，「イチロー」は誕生しなかったということである．

● 監督の任務

「監督」とは，一体何だろうか．前述したように，チームの監督が代わることは，「鈴木一朗」を「イチロー」に変えてしまうほどの迫力があるものである．

現在，わが国のプロ野球界では，登録選手は1球団70名である．一軍枠に入る選手を選ぶこと，その日のスターティング・メンバーを選ぶこと，そして，選手交代を決めること，これらは全て監督の権限である．したがって，監督の決断によって，当然のことながら，日が当たる人とそうでない人が出てくることになる．

ところで，プロ野球の監督は，その権限を行使した結果として優勝（勝利）できなければ，任期半ばにしての解任もあり，辞任もある．あるいは，勝ち続けていても，フロントの方針によって監督が交代することはよくあることである．換言すれば，プロ野球の監督として，いつも日の当たる場所にいることは至難の業となる．

一方，アマチュアチームの監督の中には，"長期政権"を樹立している人も多い．この場合，選手選考の全権を有する監督が，知らず知らずの間に独裁者になってしまっていることはないであろうか．たぶん，多くの人は「私（俺）に限って……」と否定するであろう．私自身も，自己批判を含めてそう思っている一人で

ある．

● 監督生活16年

さて，私は昭和52年から平成5年までの16年間，東京理科大学体育局ソフトボール部の監督であった．勝てなくても解任はない監督であった．しかし，創部6年目までは，10月の幹部交代時にはいったん監督を辞めて，新幹部によって再任されることを繰り返した．7年目には「監督辞めない宣言」をし，そのかわり部員の3分2の署名捺印によってリコール（辞任要求）できるシステムをつくった．更に翌年からは，その3分の2を過半数で可と変更した．幸い部員によってリコールされることなく，16年目に自ら辞任した．その決断には半年という歳月が必要であった．

この間，全日本大学ソフトボール選手権大会（通称：インカレ）に9回出場し，ベスト8：2回，ベスト16：4回という成績であった．ところで，2年2カ月のブランクの後，チーム事情により昨年（平成7年）11月からコーチとして，さらに平成8年5月からは総監督としてベンチに入ることになった．そして，幸運にも，第10回目のインカレ出場を果たすことができたのである（本大会は1回戦で敗退）．

● 監督であることの意味

16年間監督を務め，2年余のブランクの後，総監督として再びベンチ入りしたことによって学んだことは多い．

その一つは，監督とは，一日の生活の中のどこかで，選手のポジショニングやオーダー編成について，半年・1年先の公式戦をも想定しながら，思いを巡らせる習性があるということである．

かつて監督を辞めた時に，この頭の中での日常的な作業が完全停止したことを，今でも鮮明に思い出す．当たり前のことかも知れないが，私には意外なことであった．

そして，大切なことは，監督が毎日のように一生懸命チームの構想を練っていても，それが正しいかどうかを計算する方程式はないということである．たとえ，悲願達成＝優勝してもである．その理由は，大学ソフトボール部であるならば，厳しい練習によって日本一を獲得した部員が，その日本一という勲章を胸に，どこに就職をし，どのようにその職場で働き，どのような人生を築き上げているか，そのことをチームとして自問自答することを課したいと考えるからである．顧問（教員）やOB・OGが協力して，そんな迫力のあるチームをつくりたいものである．

したがって，私にとって，日本一になることは目標ではあっても目的ではない．そして，総監督である限り，イチロー・スピリットをからだで覚え込んだ部員を，一人でも多く世の中に輩出できる組織を部員との共同作業で築き上げたいと願っている．イチロー・スピリット"は，どの分野でも通用すると確信するからである．

● 1 からのスタート

以上のことは，大学ソフトボール部であるが故に宣言できることでもある．大学は「人物を育てる」ことを，一義的な課題としているからである．なお，《人物》とは「世の中の役に立つ人材」と定義しておきたい．

その点，プロ野球界は，当然のこととはいえ厳しい世界である．数名の新人選手が入団することは，数名の退団選手が必ずいると

いうことを意味しているからである．

　ちょうど2年前，イチロー選手は，総額1億円の契約更改を終えて記者会見．「来年の目標は？」と質問され，「まず，レギュラーを取ることから始めます」と素直に即答している．わがチームのレギュラーメンバーの中に，この謙虚さでシーズンオフを過ごしている部員は何名いるだろうか？

3－2　「練習」の約束

● 夢

　イチロー選手は，小学校6年生の時，"夢"というタイトルで次のような作文を書いている．

「夢」

鈴木　一朗

　ぼくの夢は，一流のプロ野球選手になることです．そのためには，中学，高校で全国大会へ出て，活躍しなければなりません．活躍できるようになるには，練習が必要です．ぼくは，その練習にはじしんがあります．ぼくは3才の時から練習を始めています．3才〜7才までは，365日中，300日は，はげしい練習をやっています．だから一週間中，友達と遊べる時間は，5時間〜6時間の間です．そんなに，練習をやっているんだから，必ずプロ野球の選手になれると思います．

　小学校6年生が，自分が行ってきた「練習」について，ここまで堂々と書き切っているのである．そして，「夢」を自信と確信を持って語っている．驚異，この一言に尽きる．

●「練習」の約束

ところで,小学校時代の《はげしい練習》は,小学校2年生の終わり頃,《毎日きっちり練習をやる》という親子の指切りげんまんの約束によってスタートしたという.そして,この約束は,マンツーマンで毎日続けられ,一日たりとも破られたことはなかった.尋常なことではない.

宣之氏は,その著『溺愛 我が子イチロー』(小学館,1996年)の中で次のように記している.

「幸運にも,イチローはあの日の夢を現実のものにし,現在,日本全国のファンの皆さんから温かい声援を受けながら,大好きな野球に打ち込んでいる.それもこれもすべては,あの"指切りげんまん"から始まったように思う.」

文字にしてしまえば,たったこれだけの表現にしかならない.父子が4年間,"練習の約束"を守り続けること.可能なことなのだろうか.

● ピッチャーを育てる,ピッチャーが育つ

本学ソフトボール部は,今年(平成9年),創部20周年を迎える.この間,「全日本大学選手権大会(通称:インカレ)に10回出場し,ベスト8が2回,ベスト16が4回という成績が残っている.そして,今も「"日本一"のロマン」を合言葉に夢を追い続けている.

さて,全国各地のどのチームもそうであるように,私たちがチームづくりで最も苦労してきたことは,「ピッチャーを育てる」ということである.否,ピッチャーが育つ練習環境をいかにつく

り，エースを目指す選手にどのような動機づけをするかということが課題である．ピッチャーとして秀でるためには，なにより自分で自分を育てる意志が強くなければならない．より優れたピッチングコーチも勿論必要である．しかし，いかなるコーチングを受けても，黙々と練習するマインドと大きなロマンがなければ，ピッチャーとして大成することは難しい．

● **ウインドミル・キャッチボール**

ところで，前述のようにベスト8，ベスト16まで進んだ時のピッチャーは，いずれも大学に入学してからウインドミル投法を身に付けた選手であった．

私は，創部4年目の年，毎日の練習メニューのなかに，「ウインドミル・キャッチボール」を導入することを決めた．ボールを用いてのウォーミングアップの一環としてである．当時のキャプテンS君は，この練習を粘り強くチームのなかに定着させた大功労者である．毎日たった5～10分間のこの練習は，必ずチームを変革すると私は信じていた．しかし，この簡単なことをチームに浸透させることは決して容易なことではないのである．初期の段階では，皆フォームがバラバラで，まともなキャッチボールにならず，練習が白けることが多いからである．

ところが，まさに"継続は力なり"である．1年後には，全部員がウインドミル投法ができるようになってきたのである．その理由は簡単である．昼休み等を利用したウインドミル自主練習が積極的に展開されるようになり，各自の技術習得が加速度的に進んだからである．

この練習は，その後，チーム内に「ウインドミル・ライセンス

制度（上達者にはフリーバッティングや紅白戦で投手を務める資格を与える）」を誕生させ，今日まで続いている．「全部員が，将来は町や職場のエースに！」，わがチームの合言葉である．

● **個人メニュー**

さて，全部員がウインドミル投法を習得したとしても，エースピッチャーが自然に誕生するわけではない．

私がいつも念頭においたことは，エース候補者は，まず「肩が強い（遠投力がある）こと」，「できれば高校時代に運動部経験があり，特に下半身が鍛えられていること」，そして，「人物の器」，この三つであった．ただし，「人物の器」については，エースを目指すことを通してこそ，自らが自らの「人物の器」を大きくしてほしいという願望がこめられている．

したがって，エース候補者には，私の判断で個人の練習メニューを課すこともあった．その際に留意したことは，私が命じてやらせるのではなく，「君は将来のわが部のエースだと思う．そのためには，君は〇〇を強化した方がよい．毎日××と取り組んだらどうか」と提案するように心がけたことである．その当人が，自主的，自立的に，自分への約束事として練習に取り組むことを期待したからである．

● **練習日誌**

さて，もう10年以上前の話である．私は，次期エース候補のＦ君に対して，前述のような練習の個人メニューについて助言することにした．Ｆ君は恵まれた体格・体力の持ち主で，性格的にもピッチャーに向いていると判断した．ただし，高校時代に運動部

に所属していなかった彼にとっては，体力トレーニングと基本技術の向上を図る反復練習メニューが不可欠であった．

　私は，彼がそのメニューにトライする意志があることを確認した上で，せっかく体を張って一生懸命練習するのだから，メモ風でいいから『練習日誌』を書いてみたらどうかと提案した．

　それから数か月後，練習を終了して部室の近くを通りかかった時，F君が駆け寄って来た．そして，「練習記録を書き続けてきましたが，お見せしましょうか」と言ってきた．「その必要はない」と，私は手短に答えたのみであった．ある意味では冷たい返答であったかも知れない．ただ，自分のからだと頭を使って練習してきた結果は，必ず自分の財産となることを彼が理解すればそれでいいと考えたのである．

　その後，F君はエースピッチャーとして，インカレ予選のマウンドに立った．惜敗し，本大会への出場はならなかった．

　卒業後，F君は自分の夢に向かって研究活動に邁進し，東京大学から工学博士の学位を授与された．社会人として立派なエースになるだろう，と思う（現在は，某大学建築学科助教授として活躍中である）．

3 — 3　継続は力なり

● 父子の練習

　イチロー選手が，小学校3年生から6年生まで，近所の伊勢山グラウンドでお父さんと一緒に毎日のように行った練習のメニューは，ほとんど同じものであったという．

　午後3時半から練習開始．

①軽いキャッチボール
②50球前後のピッチング
③ティーバッティング（バックに70個入ったボールで3クール，約200球）
④内野ノック，外野ノック（それぞれ50球）
⑤フリーバッティング

　以上の基本パターンである．使用球は，4年生までは軟式ボール，高学年になってからは硬式ボールである．飽きないように，親子で話し合って工夫して練習したという．

● *バッティングセンター*

　さて，当然のことながら，二人だけで行うフリーバッティングは難しい．非効率的である．そこで，近くにあるバッティングセンターに通うことになる．1ゲーム25球，多い時には10ゲーム，少ない時でも5ゲームはこなしたという．また，一日に2回通うこともよくあったという．このバッティングセンター通いは，中学校を卒業するまでの7年間続くことになる．

　その練習風景．父・宣之氏は，次のように述懐している．

　「悪い球は打つな．いい球だけを打て．25球が全部ボールだったら，それでも振らなくってもいいんだ！」

　そうして後ろから，一球ごとに「ボール．ストライク」と声を出して判定していくようになりました．

　腰をかがめ，息子の目の高さでボールを判定していくと，イチローの息づかい，考えていること，その瞬間的な感情までが，だんだんと分かるようになってきました．

(鈴木宣之著『イチローとわが家 ほんとうの話』，家の光協会，

1996年)

　この記述は，たいへん興味深い．今日，選手（息子）の"息づかい"や"瞬間的な感情"まで理解しようと努力している指導者（父）は，どれくらいいるだろうか．イチロー父子の練習には，魂が入っている．

● **マッサージ**

　小学校3年生の頃，グラウンドでの親子ゲンカがきっかけとなって，父親が息子のマッサージを始めることになる．父親が息子との"野球遊び"を楽しく続けるために考えたスキンシップである．この30分から1時間のマッサージも，毎朝毎晩，約7年間休むことなく続けられた．

　宣之氏の述懐．

　　私としては，せっかく始めた父と子の野球を途中でやめたくなかった．もしケンカするようなことがあっても，この足揉みで，その日のうちに一朗の気持ちのわだかまりを解消できるということを知った私は，最後までやり遂げようと決意した．だからこそ，7年間もつづいたのだ．

（鈴木宣之著『父と息子―イチローと私の二十一年』二見書房，1995年）

「継続は力なり」という言葉がある．イチロー選手が色紙に書く座右の銘であるという．人間の魂が入った，そして愛情に支えられた"継続"がもつ迫力を，今，イチロー選手が世の中にアピールしている．

● 子育て，人間育て

約50年にわたり児童学の研究を続けている平井信義氏は，その多数の著作の中で，「意欲と思いやりを育てれば立派な青年になる」という研究成果を得たと記している．

私は，イチロー選手について思いを巡らせるたびに，イチロー・スピリットの原点は，幼少の頃からの子育てにあると思ってきた．実際，精神医学者・斎藤茂太氏は，『イチローを育てた鈴木家の謎』（家の光協会，1995年）という書物の中で，イチロー家の子育てを分析し，高い評価をしているのである．

イチロー選手がたぐいまれな自立心を有し，たくさんの人々が彼の技術ばかりでなく，その人間性に魅力を感じているのは，まさに"意欲"と"思いやり"が，父子の練習を通して培われたからである，と思う．子育ては，人間育てに他ならない．

● 出場選手を決める

私がソフトボール部の監督として"出場選手"を決める際にとった方法を紹介したい．すでに述べてきたことであるが，監督は，レギュラーメンバーをいかにして選ぶかについて大きな責任をもっている．プロであろうとアマチュアチームであろうと同様である．試合の勝敗を左右するのは，すべて"出場選手"にあるからである．スターティングメンバーに誰を選んだか．選手交代の采配をどう振るったか．すべてが監督の権限である以上，すべての試合の勝敗のキーを握るのは監督である．故に，四六時中，監督は，今度の試合のオーダーをどのように編成するかについて，考え，悩むことになる．

● キャッチボールで選手を選ぶ

　某日に予定された試合．あるポジションについて，スターティングメンバーをA選手にするかB選手にするか考え続ける．そんな時，私はチーム練習の中で，A・B両選手を観察し続ける．徹底的に，しかしさりげなく目で追い続ける．

　キャッチボールが始まる．A選手は小刻みに動きながら，体の正面での捕球を心がけている．B選手は，あまりフットワークを使わない．したがって片手捕りが多い．A選手がボールをグラブに当ててはじく．その瞬間，A選手は素早くそのボールを追いかける．同じようなケースでのB選手．はじいたボールを5，6歩追いかけて立ち止まり，後方にいる女子マネージャーが拾ってくれるのを待っている．

　C選手がA選手がジャンプしても届かないところへ悪送球を投げる．この場合も，A選手は一目散にボールを追いかける．思わずC選手は，A選手の方まで駆け寄り，「わるい！わるい！」というシグナルを送っている．A選手は，「どんまい，どんまい」と声をかけている．一方，D選手がB選手に同様な悪送球を投げる．B選手は，一瞬，D選手をにらみつけるようなしぐさを送り，ゆっくりとボール拾いに行く．

　これは，多少極端な例かもしれないが，一人ひとりの選手をじっくりと観察していると，キャッチボールの練習風景一つ取り上げても，練習に取り組む姿勢（主体性），相手に対する思いやりなど，その人間のもつ諸要素を見ることができるのである．そして，この場合，私は迷うことなくA選手をスターティングメンバーとして起用する．キャッチボールの一球一球を大切にする選手

は，チームメイトが信頼を寄せているからである．

　練習日に必ず行われるキャッチボールを，全選手がA選手のような姿勢で取り組むならば，そして，チーム内では当たり前のこととして継続されるならば，そのチームは必ず強くなると信じて疑わない．（2－12「心と心のキャッチボール」参照）

● **親子キャッチボールで学んだこと**

　私の一人息子は，今，中学1年である．彼が幼児の頃から，家の近くの広場でキャッチボールや草ソフトボールをよくしてきた．親バカな話ではあるが，そこには，子どもが大きくなったとき，野球型スポーツがせめて人並みにできるようになって欲しいという願いがあった．

　さて，彼が小学校低学年の頃の私のキャッチボールは，前述のB選手のレベルであった．すなわち，子どもが悪送球を投げようものなら，どっかり座ったまま動かず，《投げたお前の責任だ！急いで拾いに行ってこい！》という態度で接していたように思う．

　私が前述のようなことに気がつくようになって，子どもとのキャッチボールは質が変わった．私は，自分がミスをしたならば，とにかく全力でそのボールを追いかけることを心がけるようにした．また，子どもが捕れないボールを投げてしまったときは，その非がどちらにあるかに関係なく，「わるい！」「ごめん！」等の言葉を投げかけるように努めることにした．

　一週間に一度の親子キャッチボールでも，また，こんなささやかな努力でも，継続は力になるものである．重ねて親バカではあるが，悪送球をした子どもがその瞬間に投げかけるようになった「ごめん！」という言葉は，技術の向上以上に嬉しいものである．

チチローこと，鈴木宣之氏の"継続力"は，やはり想像を絶するものである．なにより，一球のボールに向かう意欲と練習相手に対する思いやりの心を，魂をもってわが子に伝え続けたからである．教えられることはあまりにも多い．

3—4　ウォーミングアップ

● からだの手入れ

前節で述べたように，イチロー選手は，小学校3年生から中学校卒業までの約7年間，お父さんのマッサージを朝晩受けてきた．この最高のスキンシップと親の愛情こそが，イチロー選手の"人間の土台"を築き上げたと言っても過言ではない．そして，この「からだの手入れ」の習慣は，親元を離れ愛工大名電高野球部の合宿生活に入っても続けられたのだと思う．

ところで，多くのファンが，グラウンド上でのイチロー選手のウォーミングアップに興味をもっているだろうと思う．打席に入る前に入念に行うストレッチング．決まったところにスプレーを置いて行う素振り．守備位置では，グラブを持っての腕の回旋運動や屈伸運動等々．そして，キャッチボールでの背面キャッチは，彼自身の心をリラックスさせるとともに，観衆を楽しませている，と思う．

● からだが資本

スポーツ選手に限らず，仕事や勉学に精励するためには，なにより「からだが資本」である．勿論，世の中には，障害や病気で苦悩しながらも生き生きと人生を築き上げている人々も多い．深

く敬意を表したい．

　ところで，プロスポーツの世界は，観客の側から見ればとても華やかに見える．しかし，選手の側からすれば，負傷してプレーができなくなれば，"仕事"を続けることを断念する事態になることも多いのである．したがって，プロスポーツ選手が再起不能といわれるような負傷から回復しカムバックする姿は，人々に大きな感動を与えるドラマとして語り継がれることになる．

　いずれにしても，野球に限らず一流スポーツ選手は，われわれが想像する以上に，「からだが資本」であることを肝に銘じて不断の鍛練を続けているに違いない．

　私は，イチロー選手のウォーミングアップを見るたびに，そのことを深く考えさせられてきた．と同時に，草野球・ソフトボールを楽しむ人たちや小さな子どもたちが，このイチロー選手のウォーミングアップを大いに真似てほしいと思ってきた．否，彼の一挙手一投足は，すでにスポーツ愛好者のウォーミングアップ意識改革に貢献していると思う．

● **自分のからだは自分で守る**

　スポーツを楽しむためになにより大切なことは，「自分のからだは自分で守る」という習慣をつけることである．換言すれば，健康管理や体力管理，また安全管理が主体的にできるようになることである．言葉にしてしまえば簡単なことであるが，このことを実践することは決して容易ではない．

　練習開始時や試合開始前のチーム・ウォーミングアップは，よく見かける光景である．しかし，ほとんどの選手は，ウォーミングアップはそれでよしとしてしまっているのではないだろうか．

その日,その時の体調を自覚しながら,自分自身のからだと相談しながら,自分のためのウォーミングアップをしたいものである.

● **他律的健康(体力)管理と自律的健康(体力)管理**

幼少の頃,人間は周りの人々に他律的に健康管理されることによって発育,発達し,成長する.乳幼児期から小学校・中学校へと進むにつれて,自律的に健康管理する度合いは少しずつ高まってくる.親の気持ちからすれば,子どもができるだけ早く自律的,自立的に健康(体力)管理できることを願っているのだろうと思う.

しかし,実際はどうであろうか.子どもが大きくなっても,いつまでも必要以上に親が子どものことを心配し,過保護状態にあることはよく見受けられることである.

ただし,イチロー選手親子の7年間のマッサージは別格である.この場合,父親は子どもにとって最高の遊び相手であったのであり,世界一のトレーナーであったとも言えよう.そして,イチロー少年には,お父さんと一緒に練習したいという主体性がいつもあったのである.また,朝晩のマッサージは,二人(親子)の心の絆を強く結ぶ"無言のミーティング"としての意味をも有していたのだと思う.

● **指示待ちウォーミングアップ**

私は,号令で指示されて行う準備運動を"指示待ちウォーミングアップ"と呼ぶことにしている.勿論,ウォーミングアップが適切な指導の下で行われることは大切なことである.しかし,学校の体育授業等で,教師の掛け声に合わせて整然と行うことに慣

らされてしまうと，指示待ちウォーミングアップは見事にできても，一人では何もできないことがよくあるように思われる．

野球型スポーツのように，ふんだんに"間合い"があるスポーツでは，その間合いを利用して，筋肉の状態を最良にするために，折りにふれてウォーミングアップすることは大切なことである．イチロー選手を見習いたいものである．

●チーム・ウォーミングアップ雑考

東京理科大学ソフトボール部は，本年（平成9年）9月でちょうど20周年となる．この20年間のチーム練習の中に，創部以来，全く変わらない練習メニューが一つだけある．それは，練習開始時に，主将の「始めるゾ！」というの掛け声で円陣をつくりながら集合し，その後，「体操！」という掛け声で大きく広がって行う「準備体操」である．練習終了時に行う「整理体操」も同様である．

これは，主将から順番に掛け声をかけ，「1・2・3・4」と一人が大声で発したならば，「5・6・7・8」と他の全員が大きな声を返す，というものである．

ところで，この準備体操だけは，昔のままの順序で行われる．その理由は，卒業生がグラウンドに来て一緒に練習をすることがあった時，練習の最初と最後に行われるメニューが昔と全く同じであったら，無意識的に当時このグラウンドで努力したこと，自らを叱咤激励したことなどを懐かしく反芻するかも知れないという配慮からである．

当部では，毎年の幹部学年の努力で，この20年間の卒業生名簿は，きわめて精度が高いものが出来上がっている．そして，毎年

一回開催されるOB会には，多数のOBが出席し，現役部員との交流試合も行われる．グラウンドに出て，現役部員と一緒に昔と同じ準備体操をした時，彼らは何を考えるだろうか．青春時代，自分が素直に，謙虚に，情熱を傾けた部活動のことを，どのように思い出すのだろうか．

● 準備体操の掛け声

　前述したように，当部の準備体操は，一人ひとりが順番に「1・2・3・4」と掛け声をかけ，他の者が声を揃えて「5・6・7・8」と返すようにしている．これも，この20年間こだわってきた方法である．

　自分の掛け声で，仲間をどれだけ楽しい気分にさせることができるか．準備体操や整理体操の掛け声には大きな意味がある，と私は考えている．「1・2・3・4」の掛け声が大きく，爽やかであるときには，周りの部員は皆楽しくなるだろうと思う．そして，「よし！今日も頑張るゾ」という積極的な気持ちになるだろうと思う．声に元気がないと，雰囲気を暗くするばかりでなく，「あいつ，どうかしたのかナ」と余分な心配をかけることにもなる．

　夕闇のグラウンドでの整理体操においては，周りの部員の顔や姿がよく見えないが故に，掛け声のもつ意味はもっと大きくなるだろうと思う．練習終了時の元気な掛け声は，仲間にねぎらいのメッセージを送るとともに，仲間同士の人間的信頼感さえ高めるものであると私は信じている．

　そして，毎日の練習の中で，自分の掛け声で全体を動かすというこのささやかな経験を軽んじてはならない．この経験を全くし

なかった者と，部活動を通して3～4年間続けた者との間には，集団を動かす力量に"差"が出てくるのではと，私は考えている．

● マイペース

ウォーミングアップがしっかりできる人は，練習・試合に臨む心構えが，自ずから素晴らしくなるのだと思う．チーム・ウォーミングアップを仲間と一緒に楽しく消化した後も，マイペースでのコンディショニングづくりは続く．試合終了まで続くと言っても過言ではないのである．そして，試合終了後は，入念なクーリングダウンとなる．

イチロー選手を見ていてほれぼれすることは，そのウォーミングアップが実に楽しそうだということである．テレビの画面を通して，ウォーミングアップでインパクトを与えられたのは，イチロー選手が最初である．その理由は，格調高い"マイペース"にあると思う．

3－5　グラウンドや用具の手入れ

● 名選手は用具を大切にする

イチロー選手が，愛用のグラブとスパイクを試合終了後必ず磨き，その日の汚れを落としてから球場を引き揚げていくというエピソードは，かつて多くの新聞やテレビで紹介された．

勿論，通常，一流スポーツマンと言われる選手は，疑いなく用具を大切に扱い，その手入れも入念であると思う．しかし，イチロー選手が注目されたのは，泥を落とす程度の手入れではなく，試合終了後は毎日，実に丁寧に用具を磨き上げるところにあった．

私は，このことについても，イチロー選手は別格な心構えをもっていると推測している．勿論，私自身は，イチロー選手に会ったことはないし，彼を目の前で観察したわけではない．しかし，イチロー選手の姿をテレビやビデオの画面で追っているだけでも，ユニフォームの着こなし方を初め，用具を大切にする雰囲気をいつも感じさせられるのである．そこには，20歳を超えたばかりの若きスーパースターの信念（あるいは哲学）すら感じさせられている．

● 「心の汚れ」を落とす

　小川勝氏は，『イチロー主義』（毎日新聞社，1995年）中で次のように記している．

　「1994年（注：210安打を達成した年），イチローはノーヒットの試合が13試合しかなかった．2試合連続ノーヒットは一度しかなかった．

　これは確かな打撃技術と，調子を落としても内野安打を稼げる足があって達成されたものだが，当然のことながら心理的な要素も見逃すことはできない．簡単に言えば『うまく気持ちを切り換える』ということである．（中略）

　プロ野球で安定した活躍を続けていくには『今日の失敗（ネガティブな感情）を，明日に持ち越さない』という気持ちの切り換えが非常に大事だが，試合後，愛用のグラブとスパイクを磨くというイチローの習慣は，それを助ける行為になっているのである．グラブの汚れやスパイクの泥は，その日に感じた心の乱れ（ネガティブな感情）のメタファーなのだ．それを落とすことは，その日の心の乱れを落とす『代替行為』として，実に有効なものなの

だ.」

　ベースボール空間に入ったならば,ひたすらその空間内での時間の経過を楽しむ.簡単にできることのようで,なかなかできないことである.なぜなら,私たちの心には絶えず"雑念"が見え隠れしているからである.

● グラウンドに向かって挨拶―雑念を捨てる―

　私たちのチームでは,創部以来,練習グラウンドへ最初に入る時と,練習を終えグラウンドを立ち去る時には,グラウンド(またはグラウンド内にいるチームメート)に向かって挨拶することを申し合わせている.

　例えば,土曜日の午後,全部員が集まる練習が開始される.集合時間の30分前頃から部員が次々と参集してくる.グラウンドに一番乗りした者は,グラウンドの入口で一瞬立ち止まり,脱帽して一礼する.その後に到着した部員は,同様に一瞬立ち止まり,すでに来ている部員とグラウンドに向かって,「こんにちは!」と大声で挨拶する.勿論,先にきている部員も,「こんにちは!」と挨拶する.練習終了後も同様である.グラウンドの出口で一瞬立ち止まり,「ありがとうございました」,「失礼します」などと元気よく挨拶する.

　私は,この行為は,イチロー選手の「用具の手入れ」と類似した意味を有していると考えている.1年に一回は,部員に次のように語りかける.「グラウンドに入る時,出る時に行う挨拶には深い意味がある.ひとたび挨拶をしてグラウンドに入った瞬間からは,日常の雑念を全て捨ててソフトボールに集中することを,自分自身の意識の中で決意表明して練習に臨みたい.そして,練

習を終えて挨拶しグラウンドから立ち去る瞬間まで，その気持ちを継続させたいものである」と．

この二つの挨拶は，部員一人ひとりが，日常生活の中でメリハリを持って練習に取り組む，「気持ちの切り換え」の意味を有していると思う．そして，挨拶が飛び交うことによって，なにより練習開始前と後のグラウンドの雰囲気が，明るく，楽しいものになるだろうと思う．

● **授業での用具の手入れ**

大学の体育実技「ソフトボール」の授業での話である．チーム編成し，試合が始まると，用具は大きなカゴに入れて運ぶ．試合終了後，私が黙っていると，カゴの中のグラブは投げ入れられた状態でメチャクチャである．中には砂ぼこりをかぶったままのグラブさえある．こんな簡単な後片付けが，実際のところできないのが現状である．

したがって，グラウンドでの第一回目の授業では，用具の整理の仕方から指導することになる．グラブは右，左を別々にして重ね合わせて丁寧に揃えてカゴの中に入れるように指示する．こうしておくと，当たり前のことではあるが，グラブの型は崩れない．次に使う人たちが使い易いグラブとなる．また，長持ちする．しかし，受講生が自主的にグラブ整理ができるようになるまでには，予想以上に長い時間がかかるのである．

この一見簡単なグラブ整理は，実際，なかなかできないのが実情である．小学校から中・高，そして大学まで，体育倉庫の中にあるグラブを調べてみるとよい．また，県大会や全国大会を目指して一生懸命練習しているチームの部室に置かれたグラブを観察

してみるとよい．いつも部室が整理整頓されており，グラブの中にボールを入れて型を崩さずに保管されているチームは，そうあるものではない．勿論，私たちのチームについても反省多いところである．

● **ボールの後片付け**

通常，私は週2日はグラウンドのソフトボール球場で授業をする．その同じグラウンドで，わがチームは週3日全体練習をしている．

ところで，授業時の用具カゴの中には，使い古された皮ボールが時々入れられて体育倉庫まで運ばれてくる．授業で使うボールはゴムボールであるから，この皮ボールはソフトボール部員が練習終了後に片付け忘れたボールである．私が受講生に皮ボール拾いを指示したことは，今日まで一度もない．しかし，体育倉庫の中には，皮ボールが徐々に増えてくる．

要するに，練習終了後のボールの管理の善し悪しが，授業時に拾い集められる皮ボールによって判断できることになる．同時にチームが練習に取り組む心構えの善し悪しが見えてくる．

数年前，私が監督を辞めていた頃，毎回のように2，3個のボールがグラウンドに転がっている時期があった．私がそのときに痛感したことは，グラウンドの学生責任者であるキャプテンの力量がかなり不足しているということであった．勿論，その背後には，顧問である私自身の指導力不足があることを，深く反省させられた次第である．

私は，チーム力，あるいは，キャプテンの力量は，グラウンド整備やボールの管理状態を見れば，ほとんど評価できると考え

ている．そして，このことは，いかに勝利するかという前の問題として，すなわち，いかなる人間スポーツ集団をつくるかという意味において，きわめて重要な課題であると，思い続けている．

● グラウンドや用具を愛する気持ち

今日のわが国は，物質的に豊かになったけれども，心の豊かさが乏しくなっているとも言われている．当然のことながら，立派なグラウンドで高価な用具を使ってプレーしても，豊かな心をもったプレーヤーが育つわけではないのである．

かつて目の前で見た光景であるけれども，某大学のソフトボール球場でのこと．女子マネージャー2名がベンチ周辺のタバコの吸い殻を拾っているそのすぐそばで，男子部員2名がユニフォーム姿でタバコを吸いながら談笑し，当然のごとく吸い殻を足元に捨てているのである．また，全国大会の常連チームでも，試合会場のグラウンドへ平気で吸い殻を投げ捨てているプレーヤーは多い．私が目の前で見てきた事実である．悲しい光景である．

グラウンドや用具を愛すること．これは，きわめて個人的な問題であると同時に，「いかなるチームをつくるか」という，チーム・スピリットの問題でもある．

3 — 6　審判員

● ディミュロ審判員帰国へ

プロ野球の日米交流プログラムの一環としてセ・リーグに招聘されていたマイケル・ディミュロ審判員が，途中で帰国することになった．今年（平成9年）の3月に来日した彼は，去る6月5

日に行われた中日―横浜戦でストライクの判定をめぐり大豊選手に抗議を受け退場を宣告．その際，同選手から胸を突かれたことにショックを受け，辞意を表明したものである．

ディミュロ審判員は，「やる気がなくなったわけではないが，メジャーリーグでは考えられない肉体的な攻撃があり，ショックを受けた．グラウンド上で今後一切そうしたことをなくすためのきっかけになることを切望している」と述べている．

● 審判員の地位向上を

日本経済新聞の篠山正幸記者は，次のように述べる．「審判員交流の目的は，米国流のきぜんとした判定を根付かせる狙いがあった．それだけにディミュロ審判員はめげずに日本野球の因習と戦ってほしかったが，米国側があっさり撤収を決めてしまった裏に，問題は個々の審判員レベルで解決できないとの判断があるとすると，コトは重大だ」と記している．

一方，時を同じくして，6月15日の巨人―広島戦では，一塁塁審のセーフの判定をめぐって，試合終了後のヒーローインタビューを見ながら，広島・三村監督が「巨人のユニフォームを着た審判が勝因だ．あの審判をお立ち台にあげろ」と発言したことが物議をかもした．このことについて，中日・星野監督は，「タイムリーな発言」と語り，ヤクルト・野村監督は，以前から「巨人とやる時は13人と戦うようなもの」と繰り返している．

ところで，一連の報道を読みながら私が痛感していることは，わが国の審判員は野球界の中では「弱者」であるということである．勿論，ソフトボール界でも同様である．審判員に対する暴言やマナー違反はあまりにも多い，と思うのである．私はこの問題

については，徹頭徹尾審判員の側に立って，「審判員の地位の向上を」と声を大にしたいと思う．

● **審判員 VS イチロー選手**

さて，3年連続でMVPと首位打者を獲得している弱冠23歳のイチロー選手は，審判員とどのように対峙しているだろうか．ちょうど今，彼は「連続打席無三振」の日本記録を樹立しようとしている．この間，審判員のボール・ストライクの判定に対して，彼は文句をつけたことがあっただろうか．私は，一球たりともないと確信している．

その理由は，イチロー選手について知れば知るほど，その一挙手一投足には"ベースボール人生観"を感じさせられるからである．イチロー選手は，審判員の権威を認めようと努力している数少ないプレーヤーの一人であると思う．

● **審判員はいつも審判されている**

プロ野球の投手が時速140kmの速球を投げた場合，ピッチャーズプレートから18・44m先のホームプレートに到達するのに0・48秒の時間がかかる．これを捕手の後方から一球一球正確に判定することは完璧にできるのだろうか．

野球はドラマだとよく言われる．9回裏1対0で負けているチームが2アウトとなり，打者のカウントは3ボール2ストライク．球審が次のボールを「ストライク」とコールすれば試合終了である．一方，球審がそのボールを「ボール」とコールすれば，攻撃側は2死1塁．そして，次打者が初球をジャストミートしてホームランすれば2対1でサヨナラゲームとなる．一球の判定で勝利

の女神が微笑む方向が変わってしまうのが野球である．

そして，その一球の判定を，その連盟や協会が認定した審判員に全権委任するが故に，その試合の勝敗が決まると言っても過言ではない．私たちは，すべての勝敗が《審判員》という人間によってのみ裁定されることを許容しているのである．

ところで，プロ野球では，その試合を球場で観戦している多数の観衆やテレビの前の何百万人という視聴者が，審判員の審判をしていると考えることができると思う．要するに，審判員は，大多数のファンによっていつもチェックされているのである．

審判員に暴力行為をすることは，その意味でも絶対にしてはならないことである．審判員への暴言，暴力は，観衆に対しても失礼な行為となることをプレーヤーは忘れてはならない．

● **ルールを学ぶ**

ソフトボールに関わってもう20年余になる．この間，「オフィシャル・ルール」は毎年必ず目を通してきた．その結果，はっきりとわかったことが二つある．その一つは，ルールブックは何回読んでも，完全に理解することはほとんど不可能に近いということである．もう一つは，ほとんどのプレーヤーがルールブックを熟読していない，ということである．意外に思う人は多いかも知れないが，野球型スポーツが国民スポーツとしてわが国に普及してきた結果として起こった逆説的な事実であると思う．

● **ルールブックを読む**

監督に就任した初期の頃は，私は，読まなければならないものとしてルールブックを読んだ．ある時期からは，自宅と研究室に

常にルールブックを置き，シーズン始めには，赤ペン片手に丁寧に読んできた．監督がルールを熟知しているのは当たり前だと思ったからであり，ルールを知らなければ部員に対して格好がつかないと考えたことも事実である．したがって，ルールブックはいつも一人で隠れて読んだ．

しかし，その結果としてよくわかったことは，《ルールブックは何回読んでもよくわからない》ということであった．そこで，ルールブックはいつもバックの中に入れて持ち歩くようになった．試合の帰りに一人になるとルールブックを取り出して，その試合で起こったいくつかのケースを反芻しながら赤ペン片手に読んだ．

そして，数年前からは，ルールブックは必要に応じて，試合中でも目を通すことにした．その行為は，部員の前でも決して恥ずかしいことではないことを確信したからである．初めて試合中にルールブックを取り出したときのことは，今でもよく覚えている．私がルールブックを開き確認作業をしていると，ベンチの後方を通りかかった数名の審判員の方が，「先生，そんなにプレッシャーかけないでくれよ」と穏やかな言葉を投げかけてくれたのである．その一言は，《ルールの解釈って，ほんとに難しいよナ》と語りかけてくれる温かいメッセージであったと述懐する．

● **プレーヤーはルールブックを読んでいるか**

野球型スポーツの普及度があまりにも高いがために，プレーする人たちは，ルールの概要は理解しているのだろうと思う．しかし，きわめて基本的なルールを知らなかったり，ルールの行間にある野球やソフトボールの精神（ルールの基本理念）については，無頓着な人は多いように思う．

例えば，かつて私たちのチームが某大学チームと合同合宿したときのこと，夜の懇親会の雑談の中で，そのチームのキャップテンに対して，「ところで，ソフトボールの塁間の距離は何メートルだっけ」と問いかけたことがある．答えは，「わかりません」であった．

　また，ソフトボールの授業中，毎年のように起こるシーンであるが，試合中，野球経験がある受講生が「今のはインフィールドフライだ！」と叫ぶことがある．この場合，授業終了時に，全員の前でインフィールドフライの説明を求める．よくできて50点である．

　甲子園の高校球児や現役のプロ野球選手といえども，私は，ルールブックを熟読している人，精通している人は少ないと思っている．ただ，野球やソフトボールが好きで技術のみに秀でているというレベルの選手があまりにも多いのではないだろうか．

● **ルールの精神を実践する**

　スポーツは座学ではない，という人は多い．たしかに，スポーツは実践することにこそ意味がある．しかし，スポーツが人間社会の中でかけがえのない文化として定着し今日に至っている背景には，数多くの人々の貢献があったのである．

　とりわけ，野球（ソフトボール）は，するスポーツ，見るスポーツ，読むスポーツとして，わが国の生活文化の中に位置づいている．それ故に，そのトップレベルの選手には，絶えずルールブックの精神を謙虚に実践しようと努力する姿勢を見せてほしいと思う．

　今，トッププレーヤーに必要なこと．ルールブックを読むこと．

ベース・ボールの歴史を読むこと，耳学問すること．是非ともトライしてほしいと念じている．

3－7　ボタン

● イチロー「大リーグへの夢日記」（文藝春秋）

標記のタイトルは，『文藝春秋』9月号（平成9年）に「私の月間日記」として掲載されたものである．勿論，著者はイチロー選手である．たいへん興味深く読んだ．その中に次の一文がある．

「今日から学校は夏休み．小学校のとき，家族で旅行に行くよりもおやじと野球の練習をするほうが楽しかった．近所の人たちは『あの子，あんなに練習したからって，どうせプロ野球選手にはなれないのにね』と言っていたようだけど．それをはね返したくて，何が何でもプロになりたいと思ったし，プロ入りしたときは心のなかで『おれはプロになったぞ，ざまあみろ』という気持ちがあった．

プロ入りしたらしたで今度は『どうせ通用しないだろう』という声が届いてきた．そういう声がエネルギーの源になって，いつもぼくを支えてきた．自分でも相当の意地っ張りだと思う．もっともっと上の野球を目指したいという衝動が，抑えきれなくなりつつある．FA（フリーエージェント）まであと4年．果たして，待てるだろうか．」

イチロー選手の心中が素直に表現されている，と思う．ところで，早速，この原稿は，『日記騒動』としてスポーツ新聞等をにぎわすことになった．私は，いかなる背景があろうと，署名入りで堂々と掲載した以上，その責任は本人がとればいいと気軽に考

えている．外野がとやかく言う問題ではない，と思う．

● ざまあみろ

イチロー選手は，前述の日記の中で，「ざまあみろ」という気持ちがあったことを素直に書いている．くやしさをバネにして一生懸命努力し，大成功を収めた若者が語る「ざまあみろ」は，私には爽やかに聞こえる．そして，若者には謙虚さとともに《人間くささ》も大切であると思う．イチロー選手には，このスタンスで野球人生を堂々と築き上げてほしいと思う．大スターだからと格好つけることなく，若者の本音を可能な限り表現してほしいと思う．

ところで，前西武ライオンズ監督，森祇晶氏は，『森祇晶 知のリーダー学』（ごま書房，1997年）の中で，「プロとしての自立は，社会常識を身につけることから始まる」「社会常識も知らない『野球選手』が，果たして厳しい勝負の世界で成功できるのだろうか」と記している．「ざまあみろ」の精神をして，正々堂々と自立した社会人になるハングリーさが，今日の若者には欠けているのではないだろうか．自立した若者のセリフとしてではなく，捨てゼリフとしての「ざまあみろ」ばかりが目立つような気がする．

● ボタン

昨年から今年にかけて，大学生や社会人の全国大会レベルの男子ソフトボールの試合を見ながら考えさせられたことがある．それは，ユニフォームのボタンを外してプレーしている選手が実に多いということである．胸元のボタンを二つ外している選手も多

い.また,ほとんどのメンバーがボタンを外しているチームもある.だらしないと思うのは,私だけではないだろうと思う.

ところで,今,ソフトボール界は,女子ソフトボールがアトランタ・オリンピックで脚光を浴びたことによって,人気上昇中である.今後ますます発展するだろうと思う.しかし,拙著『レクリエーションとしてのソフトボール』(ベースボール・マガジン社,1994年)で資料を元にして述べたように,わが国のソフトボール人口の大半は,中高年の男子ソフトボールである.女子ソフトボールは高校をピークにして,その後は決して盛況とは言えないのである.

その男子ソフトボールの模範となるべき選手の"ボタン外し"には,私は納得できないのである.ちなみに,人気プロ野球球団,読売ジャイアンツの選手の"ボタン外し"も,長年のファンである私には気がかりなことである.今年は特にひどいと思う.チームがバランスを崩し最下位に甘んじている原因の一つは,こんなところにもあるのかも知れない.

● **審判員の服装は礼服である**

わが国ソフトボール関係者(競技者・指導者等)のバイブルと言えば,毎年刊行される『競技者必携』である.この冊子は,15年前に『公認審判員必携』として刊行され,2年後には『公認審判員・公式記録員必携』として再編集,さらに,平成3年からは,審判員・記録員だけでなく,広く監督やコーチを含めたすべての競技者を対象として,ソフトボール競技のより良い発展を願って刊行されているものである.

この『競技者必携』の中に,《審判員の服装は礼服である》と

いう一文が明記されている．重たい言葉であると思う．実際，今日の日本ソフトボール協会という巨大組織を支えているのは，8万有余名の審判員であり，約8千名の記録員であろうと思う．そこには，"礼服精神"が脈々と流れている．

　もちろん，私自身，この一年間の試合を振り返っても，最良の審判員の公正な裁定によって最高の試合ができたことや，抗議の出来ない明らかなミスジャッジを受けた苦い試合の両方を思い出す．審判員の皆様には，ハイレベルの研鑽をお願いしたいとも思う．しかし，服装やキビキビした行動は，疑いなく選手よりも勝っている．

● ユニフォームのボタンはネクタイである

　真夏の炎天下，選手が守備を終えてベンチに戻る．水分を補給しながら思わず胸元のボタンを外し涼をとる．このようなシーンはいくらあってもよいのである．

　しかし，ひとたびプレーイングフィールドへ入ったならば，特別な事情がない限りユニフォームのボタンは留めておきたい．営業マンがネクタイをゆるめて商談に入ることがあるだろうか．教員である私自身も，講義のために教壇に立つ前には，トイレなどの鏡の前でネクタイのチェックをすることにしている．かつて，中学時代の恩師が，「丸山，体育の教師だからといって教壇にジャージ姿では立つな．できるだけネクタイをしていけ」と助言してくれたからである．

　さて，ジャイアンツには，昔から「巨人軍は紳士たれ！」というチーム・スピリットがあった．少年時代の私にとって，このキャッチフレーズは，《強い者ほどおごることなく謙虚であれ》と

映った．否，ジャイアンツが多くのファンを集めたのは，高度な技術や個性的なキャラクターの他に，ユニフォームの着こなし方にまで青少年が憧れたからに他ならない．

加えて，プロ野球選手はかつてみな野球少年であったのであり，監督・コーチからユニフォームの着こなし方，挨拶の仕方まで丁寧に指導を受けてきている筈である．勿論，今，全国各地に多数いる野球少年たちも同様である．テレビの画面に映るそのユニフォーム姿は，その少年たちの模範とならなければならない．

ユニフォームのボタンはネクタイである．この言葉をテレビに最も多く登場するジャイアンツの選手に対して，一ファンとして贈りたい．

●ユニフォーム姿では禁煙

東京理科大学ソフトボール部は，本年（平成9年）9月1日をもって創部20周年を迎える．理工系総合大学である本学の実験・実習そしてレポート等に費やす時間は中途半端ではない．卒業研究での研究室活動も多忙を極める．大学生として当たり前のことかも知れない．

一方，部員の中には野球・ソフトボールの本格的な経験を有している者は少ない．しかし，当部の創設時の目標は，大学選手権大会（インカレ）における「全国制覇」であり，部員の合言葉は「"日本一"のロマンを求めて」である．本年まで，そのインカレ出場は11回．ベスト8：2回，ベスト16：4回，通算7勝11敗という戦績が残っている．

このクラブが20年前の創部時に申し合わせたことが，「ユニフォーム姿では禁煙」である．練習・試合を問わず，ユニフォーム

姿ではタバコは吸ってはならないと決めたのである．一時乱れたこともあったけれども，部員はその意図を理解して順守し，チームの伝統を築き上げてきたと思う．そして，その結果として，目標にはまだまだほど遠いけれども本大会で7勝できたのであると思っている．

11回目の出場となる今年のインカレ．わが部は残念ながら1回戦で敗退した．いろいろなチームの試合を観戦し，謙虚に学びたいと思った．しかし，グラウンドで気になったことは，会場のいたるところで選手がタバコを吸っていたことである．だらしないユニフォーム姿，みっともない野次も多い．理屈抜きに，大学男子ソフトボールのレベルはとても低いと思った．とてもつらいことである．指導者も選手自身も深い反省が必要である．

● **爽やかな挨拶ができない者はレギュラーになり得ない**

本年2月，ハワイ遠征から帰った後，当部では20年ぶりに新しい申し合わせ事項，「爽やかな挨拶ができない者はレギュラーになり得ない」を決めた．

思うに，爽やかな挨拶ができる者は，自分自身の何かに自信を持っているものである．自信を持っているということは，裏返せば「ざまあみろ精神」で徹底的に努力しているということである．努力しているから，他人に対しても謙虚になれる．

今，大学4年生は就職活動が続いているだろうと思う．"爽やかな挨拶"は，極論だけれども，若者の人生を瞬時に決定してしまうほどの迫力をもっていると，私は信じている．

捨てゼリフではない，爽やかな「ざまあみろ精神」を，ソフトボールを通して培えるようなチームづくりにトライしたいと，今，

真剣に考えている．

3-8　リーダーシップ

● 4年連続首位打者

プロ野球の公式戦が終了し（平成9年），イチロー選手は今年もまたパ・リーグの首位打者になった．

打　率　　0．345
打席数　　607
打　数　　536
安　打　　185
本塁打　　17
打　点　　91
盗塁数　　39

以上が今シーズンの主な記録である．

この首位打者は4年連続の記録であり，1967年から1970年までの張本勲選手（東映）と並ぶプロ野球史上2人目の大記録である．

一方，セ・パ両リーグの観客動員数は，セ・リーグが約1千3百50万人で前年比10．3％の増．パ・リーグは，初めて1千万人を超え新記録を達成した．前年比12．8％の増であった．試合数が5試合増えたこと，また，近鉄の本拠地となった大阪ドーム球場の開場もその要因であると思う．そして，この数値へのイチロー選手の貢献度は，衆目の一致するところであろう．イチロー選手を見るために球場に足を運ぶ"新しい野球ファン"は，まだまだ増え続けるだろうと思う．

（その後，イチロー選手は7年連続首位打者を獲得した後，アメ

リカ・メジャーリーグに移籍した．)

● プロ野球界のリーダー

　今，イチロー選手は，疑いなくプロ野球界の大きなリーダーの一人である．弱冠24歳（10月22日が誕生日）の一人の若者が，女性，子どもたちのファンを開拓し，野球のおもしろさ，楽しさを伝え続けている．

　イチロー選手がそのために，どれだけの努力をしてきたか，どれだけの努力を今も続けているか，その実態はイチロー選手本人しか知らない．しかし，およそ競技スポーツに取り組んだことのある人ならだれでも，なかなか真似することができない"努力の価値"をみな理解しているだろうと思う．そして，節制，克己，忍耐の厳しさ，激しさを見せない人間力に敬意を表しているだろうとも思う．

●「イチロー」と書くことはできない

　私は，日常の会話の中で選手登録名である「イチロー」という言葉を使うことはあっても，活字として「イチロー」と書くことはできない．私にとってはいつも「イチロー選手」である．その理由は，私の人生の約半分しか生きていないイチロー選手を敬愛し，尊敬するからである．

　そして，これからは，もっと"人間くさい"イチロー選手を見てみたいとも思う．チーム内の人間関係で苦悩することはないのか．大きなスランプをどう克服するか．厳しい危険球（デットボール）にどう対応するか．その際に，どのような表情を私たちに見せるのか．ある意味では，情け容赦のないプロ野球界のリーダ

ーとしてイチロー選手はどう生きるのか．敬意の目を持って見続けたいと思う．

● **主将のリーダーシップ**

さて，チームゲームにおける主将のリーダーシップは，なによりも重要である．私は，この20年間，全国制覇を目指すソフトボール部の監督として，また，大学の体育実技「ソフトボール」授業の教師の立場で，実にさまざまな主将を見てきた．あるいは，授業においては，いろいろな方法で主将選出を行い，リーダーシップやチームワークの在り方を観察し，学習してきた．人間関係についての貴重な生きた学問がそこにあるとも思っている．

ところで，全国大会を目指す部活動の主将と授業のソフトボールの主将とでは，どちらが難しいだろうか．私は，「授業の主将である」と即答したい．

● **わがチームの主将の任務**

ここでは，東京理科大学ソフトボール部の主将の任務について，そのアウトラインを述べておきたい．

まず，選挙によって部員の過半数の指示を得て選出された主将は，練習，試合において常にチームをまとめる責任者である．しかし，チーム練習や公式戦・練習試合等の対外試合の集合時間に全部員が遅刻することなく集合できるチームにまとめ上げることだけでも，実は容易なことではない．また，合宿や遠征などに20〜30名の部員が一人も欠けることなく揃うようにリーダーシップを発揮することができるだろうか．ほとんど不可能に近いことだろうと思う．

また，わがチームの主将は，自主的に「練習計画表」を作成し，監督に提出し，部室にもそのコピーを貼っておくことになっている．このシステムを取り入れるようになってから，この任務を拒否した主将はいない．この「練習計画表」の持つ意味は2つ．主将が部員に指示することを熟考し，責任を持つこと．もう一つは，前年度の計画表を十分検討し，安全性に配慮した無理のない，かつ効率的な計画を立案すること，である．

● **主将が部員を鍛える**

そして，主将の最も大きな任務は，前述したこととも関係するけれども，対外試合のレギュラーメンバー決定権をもつ監督が，全部員の中から自由に選手選考できるようにチームづくりをすることである．すなわち，監督に問われたときに，「あの部員は練習態度が悪いから，遅刻が多いから…」などと言わなくてもいいように，日常の練習の中で部員を鍛えておくことが大切である．少なくとも大学生のチームでは，このことが当たり前にできるリーダーシップを持ってほしい，と思う．なかなか難しいことではあるけれども．

● **ソフトボール授業のチーム編成**

毎年4月，ソフトボールの授業が始まる．ここ数年，1年間の授業の進め方を話した後の2回目の授業時にチーム編成をする．合言葉は，「出会った相手は運命だ」である．原則として，1年間同じメンバーで通すことにしている．まず，高校時代の野球部・ソフトボール経験者をグルーピング，次に高校時代の他の運動部経験者，そして中学時代の野球・ソフトボール経験者のグル

ーピングを行う．そして，その他のメンバーのグループに分ける．そこで，それぞれのグループを編成チーム数に分ける（スモールグループ）．その上でジャンケンによって，各スモールグループを結びつける．この方法によって，短時間である程度技術差を考慮したチームができ上がるのである．

● **主将を決める**

さて，年度初めの授業で，まだあまり顔見知りでないメンバーが集まったチームができ上がると，ここで主将を選出することになる．この20年間，いろいろな主将の決め方を試みてきた．今もなお最良の方法を模索中である．

ところで，ここ数年採用している方法は次の如くである．まず，野球・ソフトボール経験者（いない場合には運動部経験者）に対して，主将候補者に指名したい旨，また立候補も大歓迎であることを告げる．その理由は運動部活動での人間関係体験が授業でのリーダーシップに役立つと考えるからである．彼らに候補者となることの了承を得た後，受講生から拍手で承認を得る．この手順で主将を選出する．

ただし，1チームに前述の候補者が2～3名いる場合，私が黙っているとジャンケンで決めてしまう場合が多い．それ故に，後期になったら主将は交代する旨を告げ，貴重な体験になるからわれ先にと名乗りでて主将を務めるようにと促す．こうすると大体スムーズに決まる．決まった後，主将がまとめ役（座長）になって，自己紹介，副将の選出，チーム名の決定を行う．

● 授業でチームをまとめる

　部活動では，そこに所属するメンバーの目的意識は大体同じである．同じであるから厳しい練習にも耐えられる．しかし，みんなが一生懸命練習し，技術や体力の向上を図ることは，レギュラーポジション争いが激化することを意味している．また，まじめに練習している部員といいかげんな部員との間に確執が生じることもあるだろうと思う．しかし，根っこの部分が一緒である限り，チームを大木に育てるために必要なことは，大多数の部員は理解しているだろうと思う．

　一方，運動経験，スポーツの好き嫌い，授業参加への目的意識，やる気等々がある意味ではバラバラである授業のソフトボールチームをまとめることは容易ではない．チーム毎にウォーミングアップをしっかり行うことさえ難しいものである．また，ある程度の技術が伴わないと，リーダーシップを発揮することは難しいことが多い．チームメイトに対して消極的な発言しかできずに，他のメンバーを白けさせてしまうことが多々あるからである．それ故に，授業におけるリーダーシップ経験はとても貴重なものであると思う．

● イチロー・スピリット

　以上のような方法で選任したいろいろなチームのキャップテンを半年間ずつ観察していると，いろいろなことが見えてくる．その中で最も大切なことは，"率先垂範"．この一言に尽きると思う．挨拶，用具の準備と手入れ，グラウンドの美化，積極的な掛け声，入念なウォーミングアップ，全力疾走，挽回スピリット等々．以

上のことは，ソフトボールをみんなで楽しくプレーするために，当たり前のことである．そして，よりよいプレーヤーを目指すためにも大切なことである．

この当たり前を，黙々とベストを尽くして行う精神．換言すれば，リーダーシップの核をつくる精神．私はこれを"イチロー・スピリット"と，声を大にして語りたい，と思う．

3−9　レギュラーという城を守る

●『イチローに教えたこと，教えられたこと』

イチロー選手の母校，愛工大名電高校野球部・中村豪監督が標記のタイトルでまとめた書物（日本文芸社，1996年）を読んだ．その中でイチロー選手は，「僕と中村監督，そして名電の三年間」と題した短い文章を寄せている．その一節．

「名電での三年間の試練，監督さんの指導があったからこそ，いまの自分があると思っている．僕の存在は，長く続く名電高野球部の伝統の中のほんの一部分でしかないが，その伝統の一部分であることをこれからも忘れずにいたい．いまは，僕を育て，見守り続けてくれたみなさんに感謝の気持ちでいっぱいである．」名電野球部員は，当時，総勢約50名，全寮制である．この人数は，指導者が目の届く最大限の数として設定されたという．また，名電はレギュラーがグラウンドを整備することが慣例であるという．その理由は次のごとくである．

「お城は九つ，レギュラーは戦国時代でいう一国一城の主だ．レギュラーにはそのプライドをもってほしい．自分がレギュラーになったら，下級生にも控え選手にも，自分の城はさわらせない

というくらいの執着が出てこなければいけない.」

ここにも，イチロー選手の父・宣之氏同様，人物としてのイチロー選手を育てた名伯楽がいる.

● 情けを投げて熱を受ける

キャッチボールについて，中村監督は言う.「キャッチボールとは，相手の気持ちになって投げる，相手の気持ちになって受ける. 情けを投げて，熱を受ける. キャッチボールは情熱であると，私は解釈している」と.

そして，名電野球部は一個のボールを大事にする. 毎日の練習で使うボールは約3百個. 練習が終わると，約3百個のボールを数え，前日に比べて1球でも足りなければ，1年生から3年生まで全員で探すという.

チームの監督（指導者）が練習球1個をどのように考えるか. また，練習場の美化や用具の手入れをどのように考えるか. そして，キャッチボールをどのように考えるか. いずれも，チームづくり（人間づくり）の根幹をなす大切なことである.

● レギュラーの心構え

中村監督は，レギュラーは一国一城の主であると言う. その城は自らの手で守れとも言う. 名言であると思う.

私自身も監督として，レギュラーの心構えを部員によく語ってきたように思う. その一つは，レギュラーは軽々しく練習を休むな，また，対外試合においては，いつもコンディションをベストにして参加しろ（少々熱があっても休むな），ということであった. このような考え方は，いわば当たり前のことである. 卒業後，

職場で社会人として同僚や上司から信頼を得るための, 必要最低限の心構えでもある.

● **矛盾**

当たり前のことではあるが, 部員に対してレギュラーの心構えを説くことは, 私自身にもプレッシャーがかかることになる. 通常, 休日に行われる試合には, 監督を務めている限り, できるだけ都合をつけて行かねばならない. ましてや体調を崩して休む訳にはいかない.

このことは, 独身時代には何の問題もないのである. ところが, 家庭を持ち, 子どもを持つと様子は変わってくる. すなわち, 子どもがまだ小さい時, 家族3人で生活をしていると, たまの休日は家族にとっては大切な安息日である. ところが, 試合の前日から子どもが熱を出す. 家内は一晩中ほとんど寝ないで看病している. 翌日の早朝, 私は静かに出かける. 私には, 監督である以上, 子どもが熱を出したことを理由に試合を休むことはできなかったのである. このようなことは, 一度や二度ではない. 部員との絆, 家族の絆については, その頃はずいぶん考えさせられた. そして, 家族にはただ感謝あるのみであった.

● **練習開始・時間厳守**

一度監督を辞めたその2年後, 31番(コーチ)のユニフォーム・ナンバーを着けてベンチ入りすることになり, 総監督の肩書きも付けることになった.

春休みの3月1日, 冬のオフ明けの練習開始日. その日は, 久しぶりに練習グラウンドに立った. 練習開始時間は9時30分. 私

がグラウンド入りしたのは9時31分である．主将には，練習開始時間はいつも厳守するようにと伝えてあった．例えば，開始時間になろうとするとき，副将が少し時間に遅れて駆け足でグラウンドに向かっているとする．この場合，主将が友人である副将を少し待って，練習開始のための《集合》をかけたとする．それ以後の練習開始は，いつも定刻には始まらないだろうと思う．この日，S主将は，私を待たずに集合をかけ，練習を開始した．

● T君の一言

私がチームから離れていた2年間，それ以前と大きく変わってしまったことが一つだけある．それは，練習に取り組む姿勢である．それを的確に教えてくれたのが，T君の一言である．

当部には，『理窓ソフトボール通信』という女子マネージャーが編集する機関誌がある．年に数回刊行するこの冊子には，試合の感想や新入部員紹介などが掲載される．現役部員とOBとを結ぶ貴重な機関誌である．

T君の一言は，その機関誌の中で堂々と発せられた．毎年5月に行われるインカレ予選を目前にした恒例の朝練習についての所感を次のように述べる．「大きな大会の前には，いつも朝練をやっているが，今大会前の朝練は集まりが悪く，全員が練習時間に集まったのは，ほとんどなかった．こんなことでインカレに出場しようなんて甘いと思った」である．これを書いたとき，T君は2年生である．

● 幹部学年の練習姿勢

さて，春休み第1日目の練習に1分遅れで参加した私は，翌日

から練習に参加すると決めた日は，練習開始5分前，15分前，30分前などと意識的にグラウンド到着時間を決めて参加した．

当部では，用具運び及びグラウンドづくりは，原則として1年生の役割となっている．したがって，1年生は大体30分前には用具を持ってグラウンドに姿を見せる．そして，みな一生懸命ライン引き，グラウンド整備を行うことになる．

ところが，2年振りの練習グラウンドで，非常に驚いたことがあった．それは，チームを引っ張っていく運営責任を持つ幹部学年の部員数名が，いつも練習開始1～2分前にグラウンドへ駆け込んでくる光景である．また，数分ではあるが平気で遅れてくる部員もいる．

幹部学年には，レギュラーポジションを得ている者も多い．そして，もう少しでレギュラーになれそうな部員も多い．《これではチームは強くならない》．そのときの正直な感懐であった．しかし，久しぶりのグラウンドであったが故に，厳しく注意することはしなかった．そして，このようなことは，あわてずに少し時間をかけて意識改革していかなければと自らに戒めた．

ただし，一度だけ，幹部学年数名が練習開始間際に駆け込んでくる頃を見計らって下級生を集め，「君たちが幹部学年になったら，あれはダメだ．チームを強くすることはできない」と語りかけた．

● **主将がチームを救う**

春休み3月1日の練習スタートから約3ヵ月後，S主将のもと，当部は，4年振りにインカレ出場を決めた．予選大会は，1日に3試合を勝ち抜かねばならないハードな組み合わせであった．と

りわけ，インカレ出場決定戦は，前年度インカレ本大会で第3位入賞を果たしている国際武道大学であった．

　私たちは，この試合で先取点を相手チームに許しながらも逆転して勝利をものにした．私には，深く印象に残る試合であった．そして，勝因は，戦った全ての選手，ベンチ入りした全ての選手，そして，ベンチの外から応援した部員・女子マネージャーにある．それが，東京理科大学のソフトボールである．しかし，この試合を振り返りながら，私はS主将のリーダーシップ，リーダーの心構えがチームを救ったと，しみじみと考えさせられた．

　前述した春休みの練習，S主将はいつもグラウンドに早くから立ち続けた．主将として当たり前のことであるけれども，その行動が少しずつレギュラーの心構えを喚起し，チームを大きく意識変革していたのだと思う．加えて，インカレ出場決定戦では，彼の1死満塁，3ボール2ストライクからのボテボテのセカンドゴロが同点・逆転劇をつくり，1塁手として強烈なライナーを好捕，2つのスーパーダブルプレーを完成させたのである．決して"偶然"ではない，と思う．

3―10　友とするにわろき者

● スポーツと人間形成

　故・水野忠文著『体育思想史序説』（世界書院，1967年）は，私には座右の書である．水野先生は，本書の中で，スポーツが人間形成にどのようにかかわってきたかという視点から，いわば「体育の哲学史」を展開している．そして，体育・スポーツと人間形成の問題について，もっと実証的な研究が推進されなければなら

ないことを指摘されているのである．

● 友とするにわろき者

　さて，その『体育思想史序説』の中では，吉田兼好『徒然草』第百十七段が引用され，含蓄のある問題提起がされている．そのタイトルは，「友とするにわろき者」である．

　友とするにわろき者，七つあり．
　一つには高くやんごとなき人．
　二つには若き人．
　三つには病なく身強き人．
　四つには酒を好む人．
　五つにはたけく勇める兵．
　六つには虚言(そらごと)する人．
　七つには欲深き人．
　よき友三つあり．
　一つには物くるる友．
　二つには医師(くすし)．
　三つには知恵ある人．

　この中で，水野先生は，三つ目の「病なく身強き人」に着目し，吉田兼好が体育・スポーツが求める理想像としての「病いなく身強き人」をなぜ「友とするにわろき者」としたかについて思いを巡らせているのである．

　その答えは簡単である．国文学者の解釈に従えば，「病なく身強き人」は，無病で丈夫な人を意味するが，そのような人は，ややもすると人の肉体的苦痛について鈍感であって，思いやりやいたわりの情に乏しいことが多いというものである．

それ故に，体育・スポーツで鍛えられた「病なく身強き人」が，友人の生の充実とやすらぎに資することができるような人間性を身につけることが望まれるのである．

● **反省**

私自身は，この書物に出合ってから，折にふれて自分の実践を「反省」することを続けているつもりである．弱者に対する思いやりの気持ちを忘れることなく授業やクラブの指導に取り組んでいるだろうかと，自らに問いかけることにしている．毎年，「健康・スポーツ科学」と題する講義の中でも，「身体の卓越性は，人間的善さと連続的に相関するか？」というテーマでこの問題を取り上げている．

ところで，強いチームをつくるためには，より強い人間の集団をつくらなければならない．弱者を少しでも強くしなければならない．そして，その強い集団の秩序を保つためには，チーム内の基本的ルールが順守されなければならない．そして，チーム内の基本的ルールを支えるためには，その集団の目的，目標，換言すれば"チーム理念"がしっかりしていることが大切となる．

したがって，「反省」とは，一人ひとりが自らに向けるものであるとともに，その"チーム理念"のもとで，どのような部員が育ったかという，チームとしての「反省」も不可欠となる．

● **思い上がり**

ソフトボールの部活動でも，また，授業のソフトボールでも，私は，たくさんの"思い上がり"を観てきたように思う．ただし，その思い上がりを，私は一方的には否定するわけではない．スポ

ーツ場面では,過信したり,思い上がったりする体験は,とても大切であると考えるからである.その"場の体験"を通して「反省」を繰り返すことによって,自分自身の"人間の器"を大きくすることができるのではないか,と考えている.

●「若き時は血気うちにあまり」

 吉田兼好は,"若者"について,『徒然草』第百七十二段の中で次のように記している.「若き時は,血気うちにあまり,心,物に動きて,情欲多し.身を危めて砕けやすき事,珠を走らしむるに似たり.美麗を好みて宝をつひやし,これを捨てて苔の袂にやつれ,勇める心盛りにして,物と争い,心に恥ぢうらやみ,好む所日々に定まらず.」

 [現代語訳]

 「若いときは,血気が体内にあふれ,心はなにかにつけて動揺し,情欲が盛んである.自ら身を危険にさらし,破滅しやすいさまは珠を速く転がすのに似ている.美麗なものを好んで宝を使い果たしたり,それを捨てて黒衣に身をやつしたりして,衝動的で,人と争い,内心で恥じたりうらやんだりして,その心の赴くところは日々変化する.」(三木紀人『全訳注』講談社,1979年)

 若いときは,血気盛んであるが故に,粗暴な自分の心を自らコントロールする術を学ばなければならない.そして,友人の衝動的な行動にセーブをかける勇気をも学ばなければならない.この"学びのチャンス"は,日常の練習の中に,対外試合の一コマ一コマの中にたくさんある筈である.

● インフィールドフライ事件

　授業のソフトボールで，毎年のように起こることである．試合中，打者が内野フライを打つ．その瞬間，野球経験者が「今のはインフィールドフライ！」と叫ぶ．インフィールドフライは，無死または1死，走者が1・2塁か満塁のケースに生じるルールであり，ボールインプレーである．しかし，叫んでいる本人はそんなことはおかまいなしである．

　このような場合，この授業ではインフィールドフライ・ルールは採用しないことを告げ，その場は終わる．そして，授業終了後，その叫んだ受講生に対し，「せっかくだから，インフィールドフライをみんなに説明してやってくれ」と依頼する．ところが，いまだかって80点以上の説明ができた受講生はいないのである．せいぜい30点がいいところである．

　ルールの上っ面だけしか知らない"経験者"が，多過ぎるのではないだろうか．ルールの行間を読める"スポーツ愛好者"，そして，"指導者"が，今，求められている，と思う．

● どこかがイタイ事件

　ソフトボール部での話である．本学のソフトボール部では，中・高時代の野球・ソフトボール経験者は，いわば"財産"である．創部以来今日に至るまで，その多くの部員は，"財産"であることを自覚して，よりよき伝統を築き上げるために貢献してくれたと信じている．

　しかし，その一方で，たった一人の部員の"思い上がり"のためにチームがひっかきまわされてしまったことがあるのも事実で

ある．それは，一言で言うならば，私自身にも監督（リーダー）としての力量が欠けていたことになる．「反省」は多い．

ところで，ここで記しておきたいことは，部内をひっかきまわす部員には，顕著な特徴があるということである．それは，練習等を休む理由が，「肩がイタイ」「肘がイタイ」「腰がイタイ」など，どこかが痛いのである．ところが，試合直前になると「イタイ，イタイ」と騒がなくなるのである．

このような場合，とても難しいことは，「〇〇がイタイ」と本人が訴えた場合，その痛みは本人しかわからないということである．わからないが故に，本人の主張を認めるしかないのである．弱者に対しての思いやりの心を大切にしなければと思う反面，このようなケースでは，「いいかげんにせえヨ！」と叫びたくなるのも事実である．

● **大学は人物を育てるところである**

私は，「イタイ，イタイ」と"甘え"の中で自己申告する部員に対しては，かなり寛大であったと思っている．その理由は簡単である．本人がその"甘え"を自覚するところまで待つしか方法がないからである．待った結果として裏切られたとしても，それは仕方がないことである．このように言い切れるのは，他の多くの部員は，きわめて自立的，自律的に部活動を楽しんでいると信じているからである．

他人の心に土足で踏み込むことは許されないことである．しかし，人間関係のルールを逸脱することなく，相手の心を借りて自分のことを考えることは，とても大切なことである．お互いに切磋琢磨し，相互に高め合う競争が必要であると思う．そこに，大

学でソフトボールを学ぶ意味があると，私は考えている．大学は人物を育てるところである，と思う．

● **イチロー選手に学ぶ**

　弱冠24歳の若者が，今年（平成10年）は，前人未踏の5年連続首位打者にチャレンジする．この4年間，イチロー選手はスーパースターへの道を，ただひたすら走り続けてきた．肩は，肘は，腰は，痛くなったことがない筈はない．同僚や先輩との人間関係の苦悩，ない筈はない．そして，いつくるかわからない"危険球"とも戦っている．

　今年も，"球場"という素晴らしい大学が，イチロー選手を更に大きく育てるに違いない．

[付記]

　本文の中でも記したことであるが，イチロー選手はパ・リーグで7年連続首位打者という偉業を達成した後，野手として初めてアメリカ・メジャーリーグに移籍し大成功を収めたことは周知のことである．もはや世界的なスーパースターと言っても過言ではないのである．

　第3章は，平成9年10月22日に24歳を迎えたイチロー選手の，その前後約1年間の軌跡に焦点を当てたものであることを，ここに付記しておきたい．

推薦のことば
――「実践スポーツ教育論」の魅力と迫力――

濱田　靖一

　丸山克俊君の"実践スポーツ教育論"を読みながら，途中で「ウーン」と唸ってしまった．それは，「これだ，これが丸山君の本だ」と思ったからである．行間に丸山君の個性が躍如として踊っているのである．それは，自分の土俵で自分の相撲をとっている力士に似た力強さでもある．

　彼は，体育授業とクラブ活動の俎上にソフトボールを載せ，その教育理論と実践活動とのフィードバックという作業を繰り返しながら，執拗に人間の間柄的構造関係の分析に取り組んでいる．それはまさに格闘と言ってもいいような取り組み方で，なかなかの迫力である．特に，スポーツ教育でなければできない人間相互の接触関係を大事に扱っているところが魅力的である．

　私は半世紀以上も教職の場におり，数多い人材にめぐり逢う機会に恵まれた経験がある．その中で，丸山君は絵に描いたような天才や秀才ではないが，珍しい異彩であり，偉才の一人だと思っている．

　彼は，典型的なヤル気十分な前向き人間であり，明るくて多言実行の士で行動的であり，エネルギッシュでタフである．したがって，社会的ないろいろな学会・研究会や連盟・協会にも関係している．しかし，彼の役職は会長・副会長などでなく，多忙多端な事務局長的な役割を買って出て，テキパキと仕事を処理して喜ばれている．また，気どらないのでなかなか人気があり，人望が厚いことも私は知っている．

その理由は，彼にはこうしたタイプの人にありがちな独善や偏りがなく，人間関係のバランス感覚に優れているからである．視野も広くよく勉強もしている．本書で参考にしている資料や文献の層は広く厚い．また，多忙な中でもよく筆をもち，著書も20冊近くものにしているから立派なものである．手紙もよく書きマナーも板についている．大学の体育（学）の指導者・研究者として貴重な人物であると思う．

　ただ，非常にセンシティブでよく感動，感激したり，名士や名選手などの人物に傾倒する度合いが普通の人よりかなり高いようである．これは一体長所なのだろうか短所なのだろうか．その辺はよくわからない．しかし，本書では，その彼の個性をして可能となる"人間観察"が見事に主体的に統一され，一本の筋が通った教育論が展開されているのである．自重自戒してさらに精進されることを期待しておきたい．

　4年前に公刊された本書が好評につき，ここに増補改訂版として再版するに際して，推薦のことばを寄せる光栄に浴したことを感謝したい．本書の紹介がつい人物評になってしまったことは否めない．けれども，「文は人なり」という言葉があるように，スポーツの教育実践から得た叡智を活字にした本書については，その執筆者の人柄を紹介することが私の任と考えた次第である．ご寛恕いただきたい．

　本書は，まさに丸山君だから成し得た立派な仕事であると重ねて強調しておきたい．そして，彼の"ライフワーク＝実践スポーツ教育学"として結実することを期待しておきたい．

　　　　　（日本大学名誉教授・日本幼少児健康教育学会名誉会長）

著者紹介

丸山　克俊（MARUYAMA Katsutoshi）

[略　歴]

　　1951年長野県に生まれる．県立飯田高等学校卒業．日本体育大学体育学部を卒業後，日本大学大学院文学研究科教育学専攻博士課程満期退学．現在，東京理科大学教授．二松學舍大学非常勤講師．

[主な社会的活動]

* 日本幼少児健康教育学会理事長
* 学校法人みその幼稚園理事
* 体育教育出版会理事長
* 財団法人日本ソフトボール協会指導者委員会副委員長
* 国際ソフトボール教育アカデミー専務理事
* 野田市老人保健福祉計画及び介護保険事業計画推進等委員会委員

[主な著書]

* 『健康科学概論』（共著）朝倉書店　1992年
* 『幼児と保育者の心のかよいあい』（共著）明治図書　1994年
* 『レクリエーションとしてのソフトボール―ソフトボール教育論―』ベースボール・マガジン社　1994年
* 『コーチング for ジュニア　ソフトボール』ベースボール・マガジン社　1998年
* 『実践・少年スポーツ教育論』（共著）体育教育出版会　2004年
* 『体育科学とスポーツ文化』（編著）体育教育出版会　2004年
* 『保健衛生と健康スポーツ科学』（共著）篠原出版新社　2006年

増補・実践スポーツ教育論
――グラウンドで学ぶ人生の知恵――

2003年5月23日	増補版第一刷発行
2007年3月20日	増補版第二刷発行

　　　　　著　者　　丸　山　克　俊

© 2003 Katsutoshi Maruyama

発行所　学　文　社　　郵便番号　153-0064
　　　　　　　　　　　　東京都目黒区下目黒 3-6-1
発行者　田中千津子　　電　話　03(3715) 1 5 0 1
　　　　　　　　　　　　振　替　00130-9-98842

落丁・乱丁本はお取替えいたします　　　　　（検印省略）
定価はカバー，売上カードに表示してあります

ISBN978-4-7620-1254-9